À la recherche des DINOSAURES

Jonathan Tennant

Illustrations de

Vladimir Nikolov

Ingénieur papier

Charlie Simpson

LE COURRIER DU LIVRE
27, rue des Grands Augustins
75006 Paris

Titre original : *Excavate! Dinosaurus*

Traduit de l'anglais par Stéphane Normand

ISBN : 978-2-7029-1161-7

www.editions-tredaniel.com
info@guytredaniel.fr

Conçu et réalisé par
Ivy Press

DIRECTEUR CRÉATIF	Peter Bridgewater
CHARGÉ DE PRODUCTION	Georgia Amson-Bradshaw
DIRECTEUR DE PRODUCTION	Hazel Songhurst
DIRECTEUR DE PROJET	Judith Chamberlain-Webber
DIRECTEUR ARTISTIQUE	Kim Hankinson
MAQUETTE	Joanna Clinch
ILLUSTRATEUR	Vladimir Nikolov and Charlie Simpson
INGÉNIEUR PAPIER	Charlie Simpson

Imprimé en Chine

Sommaire

Le Crétacé

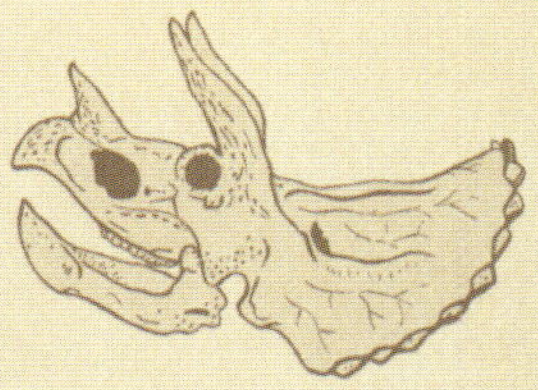

Le Jurassique

Le Trias

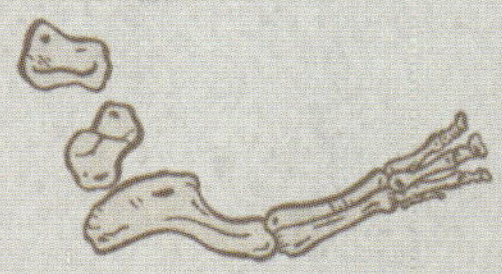

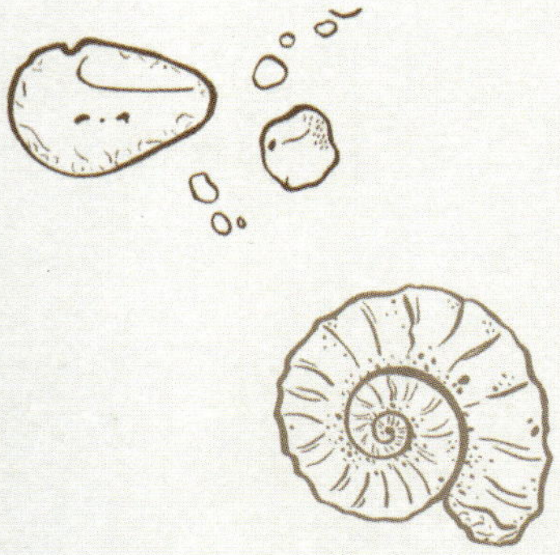

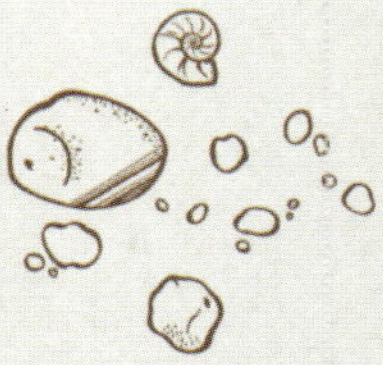

À TON TOUR D'ÊTRE PALÉONTOLOGUE !

Les paléontologues sont des scientifiques qui étudient les fossiles, c'est-à-dire les restes d'animaux ou de plantes qui vivaient sur terre il y a plusieurs millions d'années. Les fossiles de dinosaures font partie des découvertes les plus célèbres et presque tout ce que les paléontologues savent de ces étonnantes créatures provient de leurs ossements fossilisés.

Mais comment les paléontologues savent-ils quels os appartiennent à quel dinosaure ? La reconstitution complète d'un dinosaure ressemble à un puzzle en trois dimensions mais sans modèle pour t'aider. Et beaucoup de dinosaures ne sont connus que par quelques fossiles, ce qui fait que leur reconstitution représente un vrai défi.

Maintenant, à ton tour ! Dans la partie « Guide pratique » de ce livre, tu trouveras des détails sur douze dinosaures. En tant que paléontologue, ta mission est d'étudier attentivement les informations scientifiques et de t'en servir pour identifier et rassembler les pièces fossiles détachables qui se trouvent dans la partie « Site de fouilles ». À présent, tu peux reconstituer tes propres maquettes 3D de dinosaures !

QU'ÉTAIENT LES DINOSAURES ?

Les dinosaures étaient les animaux terrestres les plus répandus il y a entre 235 et 65 millions d'années, une période qui couvre la plus grande partie du Mésozoïque. À la fin du Mésozoïque, tous les dinosaures, sauf les ancêtres des oiseaux actuels, se sont éteints.

IL Y A COMBIEN DE TEMPS ?

On peut diviser le Mésozoïque en trois périodes : le Trias, le Jurassique et le Crétacé. L'ère avant le Mésozoïque s'appelait le Paléozoïque. Celle qui est venue après le Mésozoïque s'appelle le Cénozoïque. La chronologie ci-dessous montre chaque ère, les différentes périodes qui les composent, et certaines formes de vie qui ont connu une évolution.

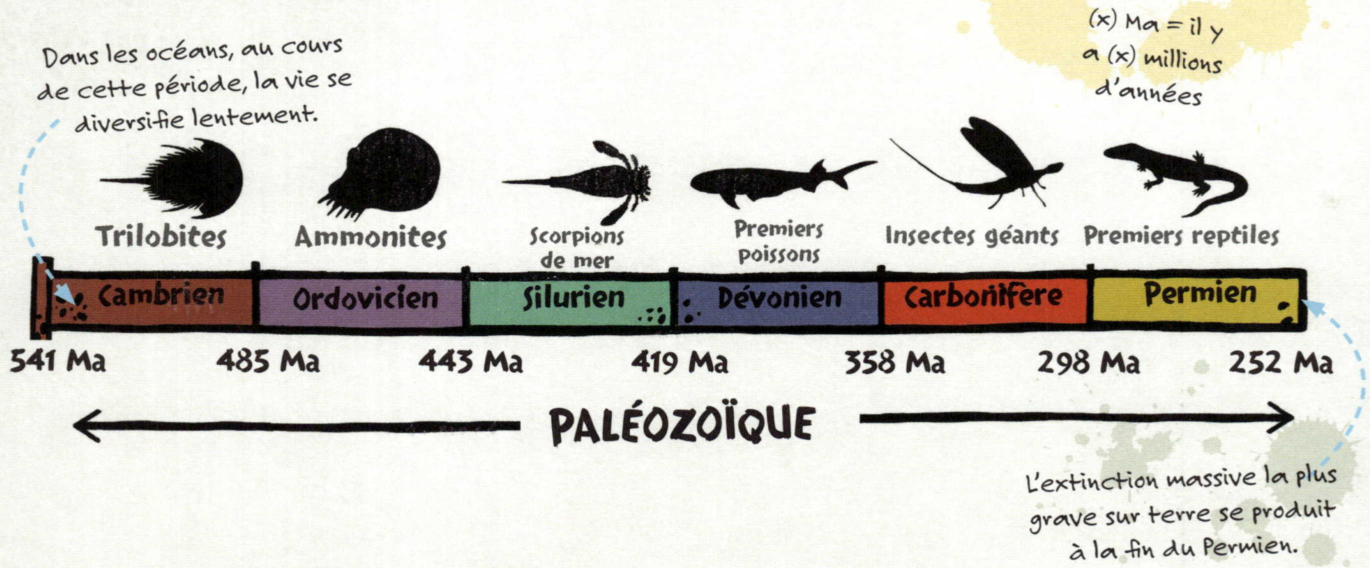

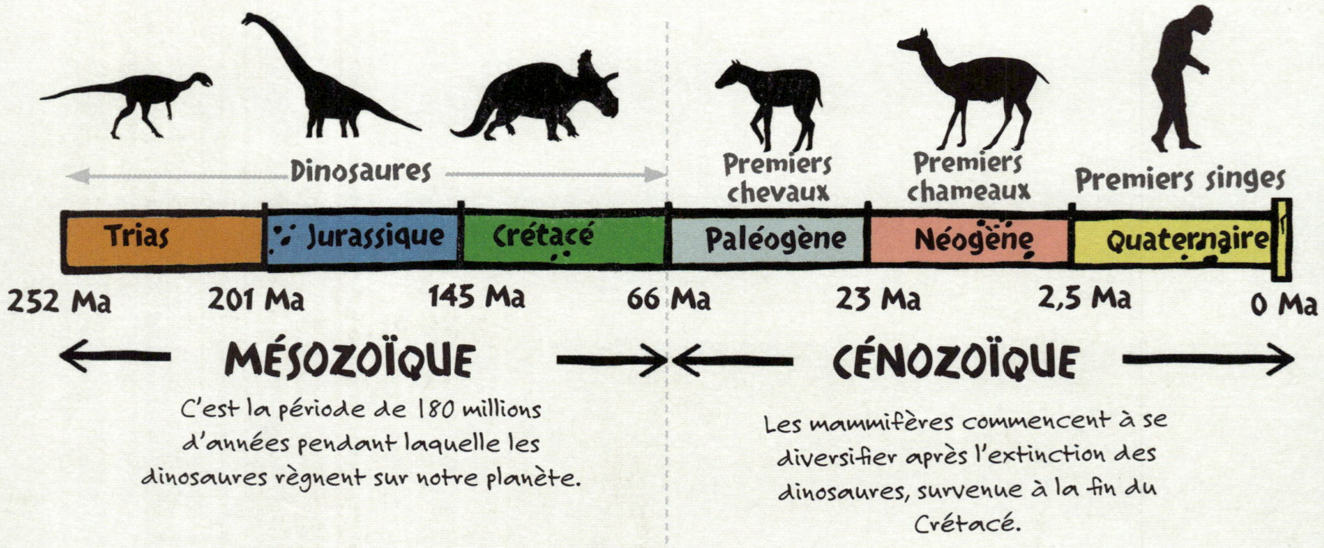

LES PREMIERS DINOSAURES

Les tout premiers dinosaures étaient de petits animaux qui se déplaçaient sur deux pattes. Avec le temps, ils se sont développés en une variété immense de formes et de tailles, depuis les sauropodes gigantesques, qui pouvaient atteindre plus de 50 mètres de long, jusqu'aux minuscules *Fruitadens* qui ne mesuraient que 65 centimètres de long, c'est-à-dire à peu près la taille d'un petit chien !

Le *Fruitadens* était couvert de longs poils. Sa queue effilée était plus longue que son corps.

L'*Ankylosaurus* possédait des plaques osseuses qui formaient une armure ainsi qu'une lourde « massue » à l'extrémité de sa queue.

L'*Anchiornis* possédait des plumes lui permettant de planer.

Le *Giraffatitan*, un des sauropodes, avait un cou très long et très gros qui lui permettait de brouter des plantes en hauteur.

LES DERNIERS DINOSAURES...

Les dinosaures vécurent sur terre pendant à peu près 180 millions d'années ! Après leur disparition, survenue il y a environ 66 millions d'années, les mammifères devinrent les animaux dominants, cohabitant avec les descendants des dinosaures : les oiseaux.

QUE SONT LES FOSSILES ?

Nous apprenons des choses sur les animaux qui vivaient il y a des millions d'années grâce à l'étude des fossiles. Les fossiles sont les restes, les traces d'animaux et de plantes morts qui ont été enterrés et préservés dans des roches, parfois pendant des centaines de millions d'années.

COMMENT LES FOSSILES SE SONT-ILS FORMÉS ?

Les conditions devaient être parfaites pour qu'une plante ou un animal mort soit fossilisé. Il devait être enseveli rapidement, loin de ce qui pouvait causer sa décomposition ou de créatures qui auraient pu le manger. Cela aidait à conserver le corps dans un bon état.

Les fossiles peuvent aussi bien être des bactéries ou des minuscules insectes...

Une fois ensevelis, les ossements de l'animal et d'autres parties dures de son corps étaient graduellement remplacés par des minéraux, créant ainsi des fossiles.

... que des dinosaures gigantesques.

OÙ PEUT-ON TROUVER DES FOSSILES ?

On trouve habituellement des fossiles dans les roches sédimentaires. Il s'agit d'un type de roche créé lorsque de l'eau dépose de tout petits fragments de pierre, de boue et d'autres matériaux (les sédiments). Tout cela finit par constituer des couches qui sont finalement compressées sous forme de roche.

Si tu connais les âges des couches de roche sédimentaire et si tu sais où on trouve celles-ci, alors tu peux les examiner pour y trouver des fossiles.

Même de délicates ailes d'insectes peuvent être fossilisées dans les roches sédimentaires.

Si tu creusais toutes les couches de roches sédimentaires, tu creuserais de plus en plus loin dans le passé.

ON CREUSE

QUE FONT LES PALÉONTOLOGUES ?

Les paléontologues sont des scientifiques qui, par la recherche de fossiles, étudient l'histoire de la vie sur terre. Ils passent souvent leur temps à chercher de nouveaux fossiles et les confient à des musées afin qu'ils y soient préservés, ou bien à des laboratoires spécialisés dans leur analyse.

L'ÉTUDE DES FOSSILES

Par l'étude des fossiles, les paléontologues peuvent déterminer à quoi l'animal ressemblait de son vivant et de quelle espèce il faisait partie. Ils peuvent même savoir s'il s'agit d'une découverte complètement nouvelle !

Les paléontologues prédisent à quels endroits on peut trouver des fossiles et ils organisent des équipes de fouilles afin de les trouver.

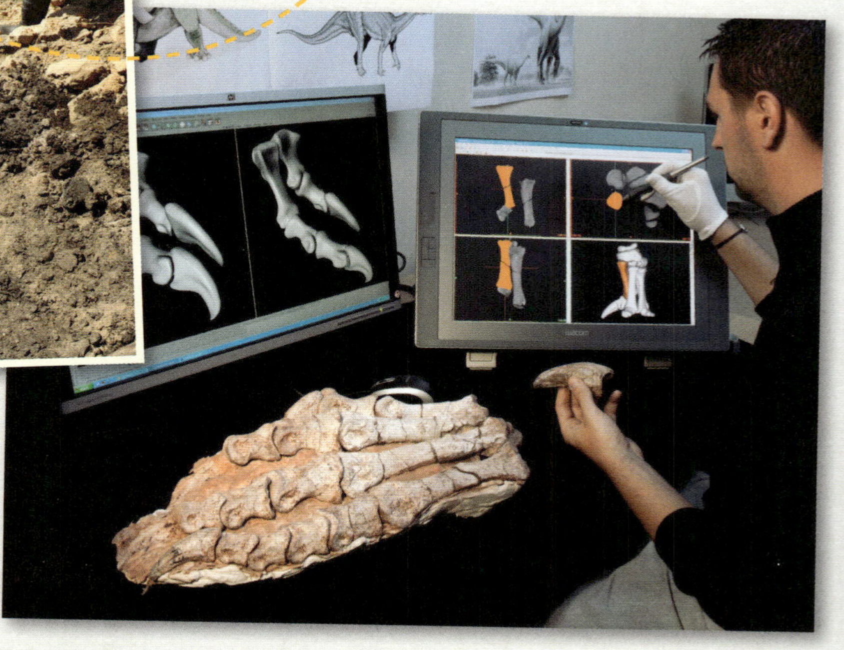

Les paléontologues examinent aussi les caractéristiques de certains fossiles afin de savoir s'ils sont apparentés à d'autres fossiles.

UN PUZZLE À RÉSOUDRE

La paléontologie fait aussi appel à la biologie. Les paléontologues utilisent leur connaissance des animaux actuels afin de trouver à quoi des animaux disparus auraient ressemblé autrefois.

L'examen des girafes peut nous aider à imaginer la manière dont des dinosaures semblables, comme ce sauropode, se déplaçaient.

On peut même essayer de savoir de quelle manière les sauropodes se servaient de leur cou.

Les ordinateurs facilitent le travail de la paléontologie moderne. Grâce à la technologie du balayage laser, nous pouvons désormais créer des fossiles digitaux.

Les ossements fossilisés sont scannés en trois dimensions grâce à un laser.

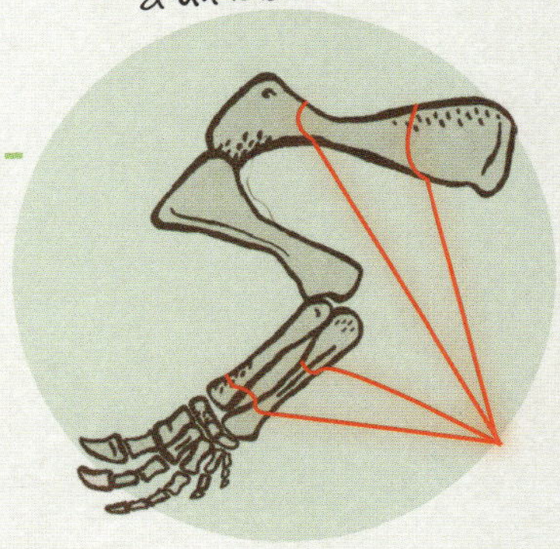

Une simulation permet de voir comment un dinosaure aurait pu se déplacer.

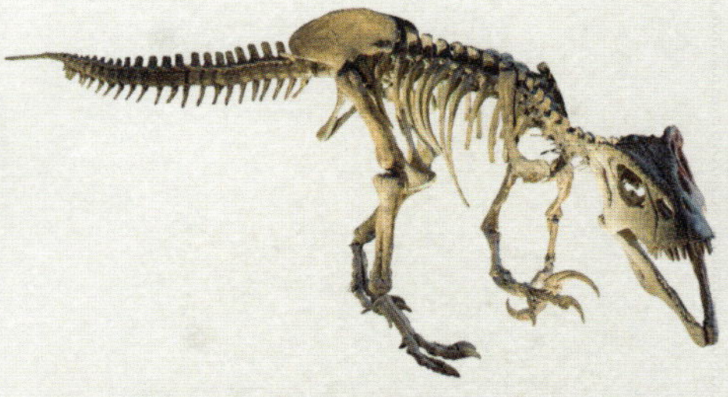

Il est même possible d'imprimer un dinosaure en trois dimensions !

LA RECONSTITUTION DES SQUELETTES

Les fossiles sont assez peu courants parce que peu de dinosaures se sont éteints dans les bonnes conditions pour les produire. La découverte d'un squelette complet de dinosaure est très rare. La plupart du temps, les paléontologues ne trouvent que quelques ossements ou, dans une seule et même zone, un méli-mélo d'ossements provenant de différents dinosaures.

Il faut des équipes entières de paléontologues sur une seule zone de recherches afin d'y trouver le maximum de fossiles.

TROUVER LES PIÈCES

Assembler correctement les os afin de savoir de quel animal ils proviennent est difficile. Bien souvent, nous ne savons pas à quoi il ressemblait de son vivant. Les paléontologues passent beaucoup de temps, sur la base de quelques os seulement, à essayer de savoir quelle aurait pu être l'apparence d'un dinosaure entier.

UN PUZZLE GÉANT

Heureusement, on trouve quand même de temps en temps des squelettes complets. Ceux-ci peuvent être utilisés comme modèles afin d'aider les paléontologues à découvrir à quoi d'autres dinosaures ont pu ressembler ; ces squelettes les aident aussi à savoir comment des os différents auraient pu être assemblés.

Va dans les musées découvrir les incroyables puzzles d'ossements assemblés par les équipes de paléontologues.

QUE POUVONS-NOUS APPRENDRE ?

Les ossements fossilisés peuvent nous dire beaucoup de choses au sujet des dinosaures. Nous pouvons déterminer comment ils se déplaçaient, quel âge ils avaient quand ils sont morts ainsi que la vitesse de leur croissance.

Certains ossements montrent des signes de blessures, ce qui nous donne des indices sur la façon dont le dinosaure est mort. En examinant les os de cette manière, nous pouvons imaginer à quoi ressemblaient les dinosaures.

L'étude des caractéristiques d'un crâne fossilisé peut aider les paléontologues à comprendre le mode de vie d'un dinosaure et peut-être aussi comment il est mort.

LE TRIAS

Le Trias (il y a entre 252 et 201 millions d'années) fut la première période du Mésozoïque. À cette époque, la vie sur terre se remettait de la plus grande extinction massive qui s'était produite à la fin du Permien (voir page 6).

On pense que l'extinction a été causée en partie par la formation du supercontinent Pangée. Tous les continents existants sont entrés en collision entre eux et ont formé un seul et gigantesque bloc continental.

Cette collision a probablement causé une grande activité volcanique et perturbé beaucoup de systèmes globaux, comme le niveau de la mer et le climat.

DE NOUVELLES ESPÈCES

L'énorme activité volcanique à la fin du Permien a rendu toute vie impossible, sauf pour les animaux les plus endurants. La vie a mis un certain temps à reprendre après cette extinction, et cette période a vu l'arrivée de nouveaux groupes d'animaux, comme :

Les archosauriens (les ptérosaures, les crocodiles, les dinosaures et leurs descendants, les oiseaux)

Les premiers amphibiens

Les thérapsides (nos ancêtres mammaliens)

Les tortues

LES PREMIERS DINOSAURES

Il y avait trois grands groupes de dinosaures : les sauropodomorphes, les théropodes et les ornithischiens. Ils sont apparus au cours du Trias. Ces dinosaures ont triomphé des autres animaux et sont devenus la forme de vie dominante sur la terre ferme, à la fin du Trias et au début du Jurassique.

Les théropodes, comme cet *Herrerasaurus*, étaient carnivores et se déplaçaient sur leurs pattes arrière.

Les ornithischiens tels que les *Pisanosaurus* possédaient un bec et mangeaient des plantes.

Les sauropodomorphes, comme le *Plateosaurus*, avaient un long cou et une longue queue mais une petite tête.

LA VIE DANS LA MER

À la même période, des reptiles marins ont commencé à évoluer au sein des océans, comme les groupes insolites des nothosaures, des plésiosaures, des ichtyosaures et des thalattosaures.

Cymbospondylus, un type d'ichtyosaure.

Thalassiodracon, un plésiosaure.

LE JURASSIQUE

Le Jurassique s'étendit de 201 à 145 millions d'années avant notre ère. Cette période a été marquée par l'extinction de nombreux groupes de reptiles et par les débuts d'un véritable « règne des dinosaures ». Par rapport au Trias, le climat était généralement plus humide et tropical et ressemblait au climat actuel dans certaines zones de l'Afrique et de l'Amérique du Sud.

La Pangée commença à se morceler et à se séparer en deux grands supercontinents, la Laurasia au nord et le Gondwana au sud.

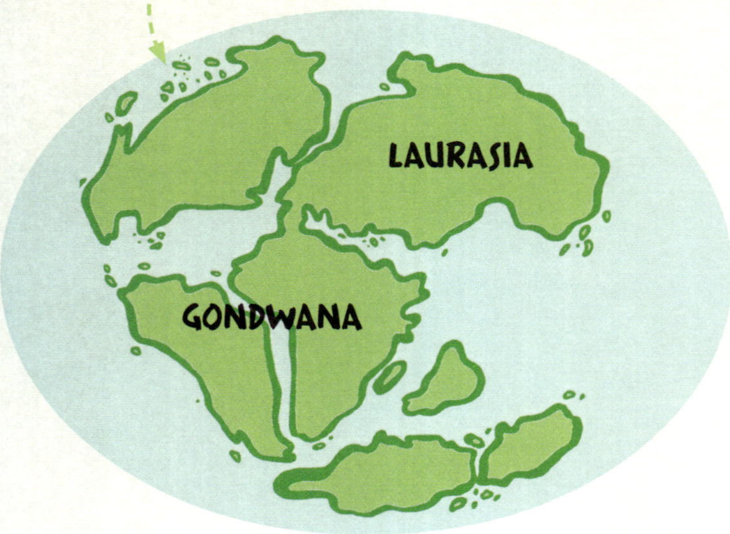

Le climat, principalement tropical, favorisa le développement de nouvelles formes de vie.

UNE NOUVELLE VIE MARINE

Le morcellement de la Pangée a ajouté des zones côtières qui ont fourni d'excellentes conditions à l'apparition et au développement de nouvelles et nombreuses formes de vie.

Dans les océans, des reptiles tels que les ichtyosaures, les pliosaures, les plésiosaures et les crocodiles étaient d'excellents chasseurs.

D'AUTRES FORMES DE VIE NOUVELLES

Les premiers lézards, grenouilles, salamandres et autres groupes d'amphibiens se sont davantage développés au cours de cette période. Il existait de curieux animaux ressemblant à des crocodiles, appelés *Choristodera*, à côté de tout un ensemble de crocodiles comprenant des espèces naines et des espèces marines. Même si les premiers mammifères existaient aussi, ils n'étaient pas communs à cette époque.

Grenouille

Salamandre

Crocodile nain

DE NOUVEAUX GROUPES DE DINOSAURES

Cette période a connu l'arrivée de différents types de dinosaures, ce qui a eu pour résultat une foule bizarre et merveilleuse d'animaux, depuis les coureurs les plus petits et les plus agiles, tels que les *Compsognathus*, jusqu'aux sauropodes imposants comme les *Mamenchisaurus* et les grands théropodes prédateurs comme les allosaures.

L'*Anchiornis*, un théropode

Le *Mamenchisaurus*, un sauropode gigantesque

Un stégosaure se fait attaquer par un allosaure prédateur.

LE CRÉTACÉ

La période finale du Mésozoïque, le Crétacé, a commencé il y a environ 145 millions d'années et pris fin il y a 66 millions d'années. La Pangée, à cette époque, s'était complètement morcelée pour former les continents que nous connaissons aujourd'hui. Le climat était beaucoup plus chaud que maintenant.

Des mers intérieures recouvraient la plus grande partie de l'Amérique du Nord. L'Europe formait un grand groupe d'îles ; la plus grande partie de son sol était recouverte par des mers peu profondes.

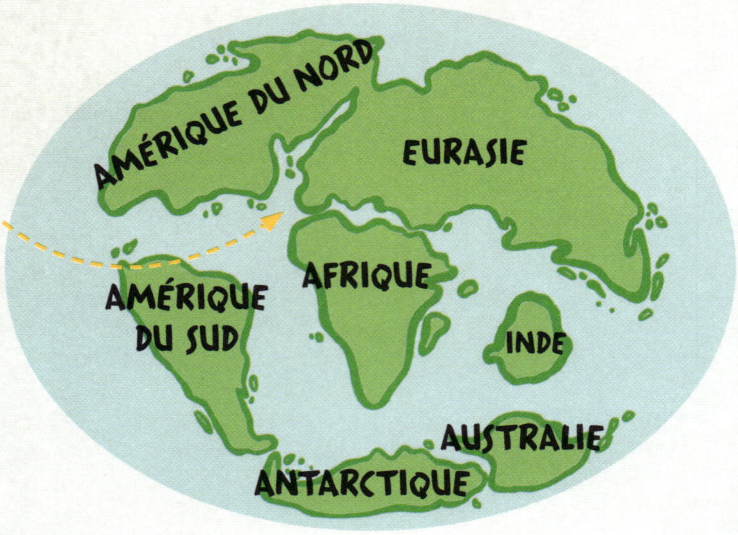

UNE LUTTE POUR LA SURVIE

Sur la terre ferme, la variété d'oiseaux et de mammifères s'étendit. Le nombre de reptiles volants (les ptérosaures) chuta parce que les oiseaux avaient alors commencé à dominer le ciel.

L'*Avisaurus archibaldi* était un des premiers oiseaux, à la fin du Crétacé.

Le *Beipiaosaurus* était un théropode ressemblant à un oiseau, au début du Crétacé.

EN MER

Dans les mers, les reptiles marins du Jurassique coexistaient avec des mosasaures ainsi que des groupes de requins et de raies que nous trouvons encore aujourd'hui.

Un mosasaure géant, le tylosaure, attaque un requin appelé *Cretoxyrhina mantelli*.

LES DERNIERS DINOSAURES

Des dinosaures tels que le tyrannosaure et le tricératops vivaient dans la dernière période du Crétacé. À la fin du Crétacé, il y a eu une autre extinction massive. Ce fut la fin de tous les dinosaures qui ne ressemblaient pas aux oiseaux ainsi que de la majorité des reptiles marins et de beaucoup d'autres groupes. Sans la concurrence et la menace que représentaient les dinosaures, les mammifères et les oiseaux ont commencé à évoluer vers beaucoup de formes nouvelles.

Des prédateurs féroces comme le tyrannosaure et le tricératops herbivore ont été parmi les derniers dinosaures.

GUIDE PRATIQUE

Les détails concernant les douze dinosaures que tu vas assembler se trouvent dans ce chapitre qui commence par les dinosaures les plus récents, un peu comme si tu creusais de plus en plus profondément dans le sol.
Cinq dinosaures proviennent du Crétacé, cinq du Jurassique et deux proviennent du Trias.

Tu trouveras des informations sur leur apparence, ce qu'ils mangeaient, comment ils se déplaçaient et où leurs fossiles ont été découverts. Pour te donner une idée de la hauteur de chaque dinosaure, compare soit avec la silhouette humaine (1 m 80), soit avec celle de la souris (8 cm), à côté des illustrations.

ANKYLOSAURUS MAGNIVENTRIS

L'*Ankylosaurus* était une sorte de char d'assaut sur pattes doté d'une carapace osseuse qui recouvrait la plus grande partie de son corps. De tous les ankylosaures, l'*Ankylosaurus magniventris* était le plus massif. Il vivait aux côtés de méga prédateurs tels que le tyrannosaure. Contrairement à ses cousins hadrosauridés (« à bec de canard ») et cératopsiens (« visages cornus »), l'*Ankylosaurus* n'avait pas de dents pour broyer la nourriture mais des dents en forme de feuilles qui lui permettaient de brouter des plantes.

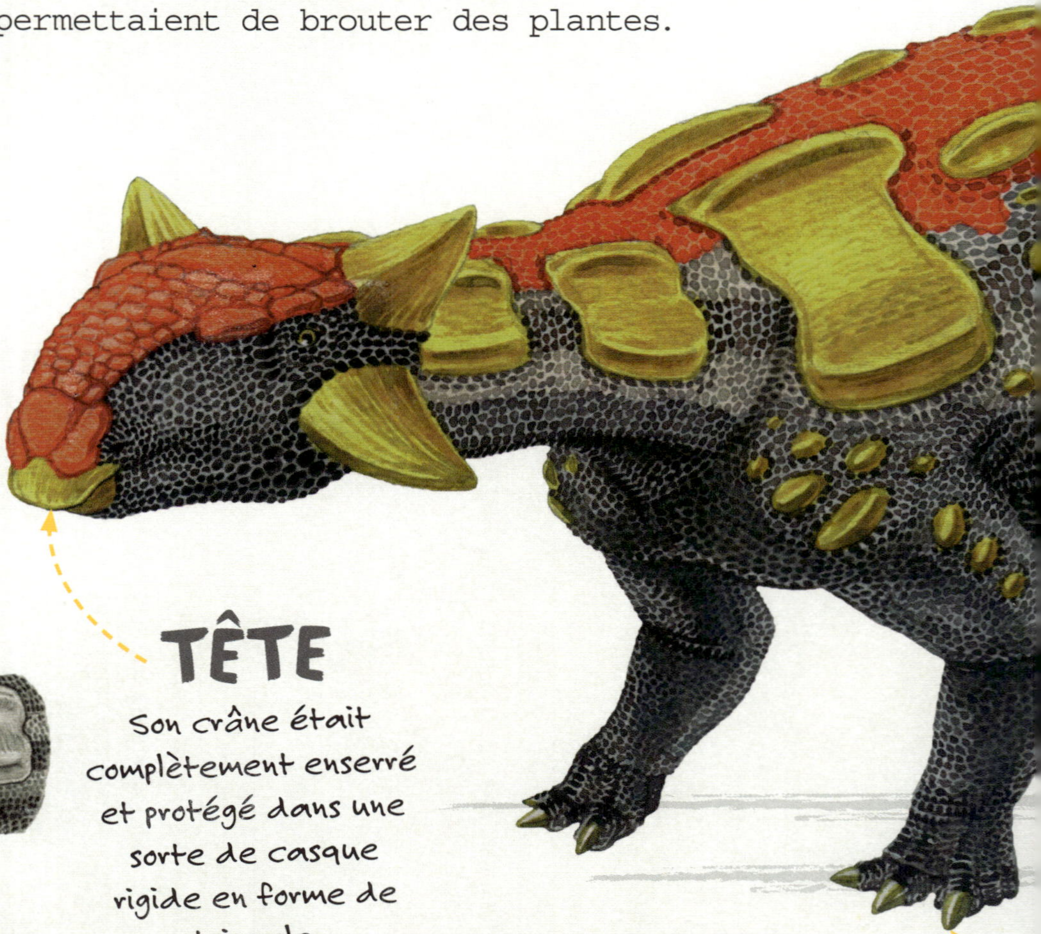

TÊTE

Son crâne était complètement enserré et protégé dans une sorte de casque rigide en forme de triangle.

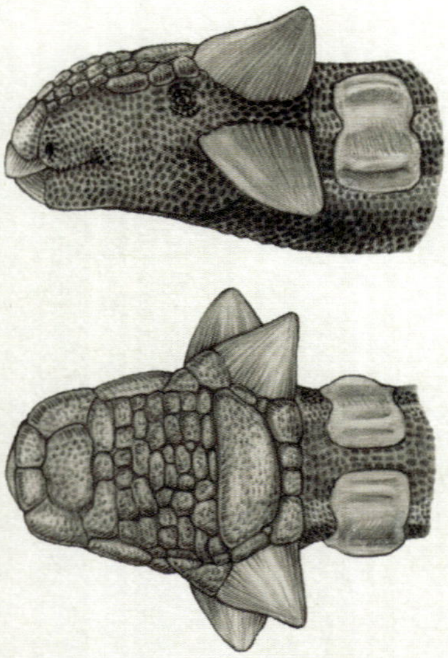

MEMBRES

Des pattes courtes et de longueur égale maintenaient son corps cuirassé près du sol.

QUEUE

L'extrémité de sa queue était disproportionnée et formait une énorme massue. L'*Ankylosaurus* s'en servait comme d'une arme mortelle pour frapper ses agresseurs.

Signification du nom : « lézard rigide », à cause de sa carapace (nom créé en 1908).

Groupe : Ankylosauridés (Ornithischiens).

Période : fin du Crétacé.

Longueur : jusqu'à 9 mètres.

Localisation : Amérique du Nord.

Fossiles : plusieurs spécimens incomplets.

Alimentation : plantes.

CORPS

Son dos était recouvert de plaques osseuses situées sous sa peau, formant une cuirasse. Celle-ci était recouverte de pointes osseuses.

PARASAUROLOPHUS WALKERI

Le *Parasaurolophus* est célèbre pour sa crête longue en forme de tube. Cette crête était peut-être différente selon l'âge ou le sexe de l'animal. Les premiers paléontologues pensaient que sa crête aurait pu servir de tube respiratoire et que le *Parasaurolophus* était peut-être amphibie, mais peu de preuves attestent cette théorie aujourd'hui.

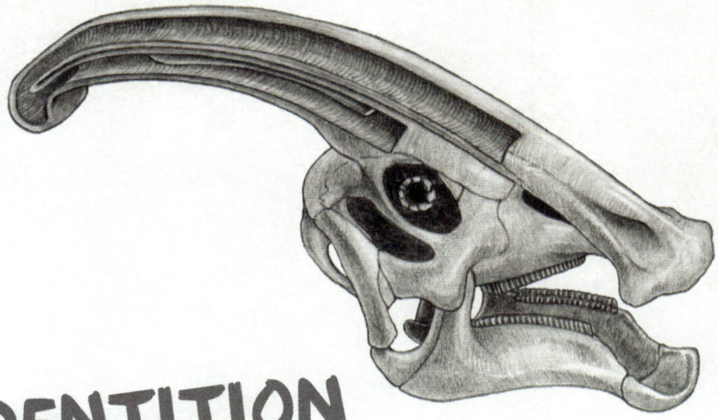

Signification du nom : « reptiles à crêtes à cloisons parallèles » (nom créé en 1922).

Groupe : Hadrosauridés (Ornithischiens).

Période : fin du Crétacé.

Longueur : jusqu'à 10 mètres.

Localisation : Canada (Alberta).

Fossiles : un squelette incomplet avec un crâne.

Alimentation : plantes.

DENTITION

Les mâchoires en bec de canard du *Parasaurolophus* comprenaient une très grande quantité de dents destinées à broyer les énormes quantités de plantes dont il avait besoin pour sa survie.

MICRO-INFO

Le Parasaurolophus se servait probablement de sa crête longue et creuse comme d'une corne afin de communiquer avec d'autres Parasaurolophus.

MEMBRES

Le *Parasaurolophus* avait l'habitude de marcher sur ses quatre pattes. S'il voulait se déplacer plus vite, par exemple pour échapper à un prédateur, il pouvait se redresser et courir sur ses pattes arrière.

TRICERATOPS HORRIDUS

Les centaines de *Triceratops* découverts à la formation de Hell Creek (États-Unis) font de lui un des dinosaures les mieux connus. Il se déplaçait peut-être en famille plutôt qu'en troupeau lorsqu'il cherchait des plantes pour se nourrir. Sa collerette osseuse et ses cornes servaient probablement à des activités différentes : parade amoureuse, communication, défense. Certains des fossiles découverts montrent que le tricératops se battait contre le tyrannosaure.

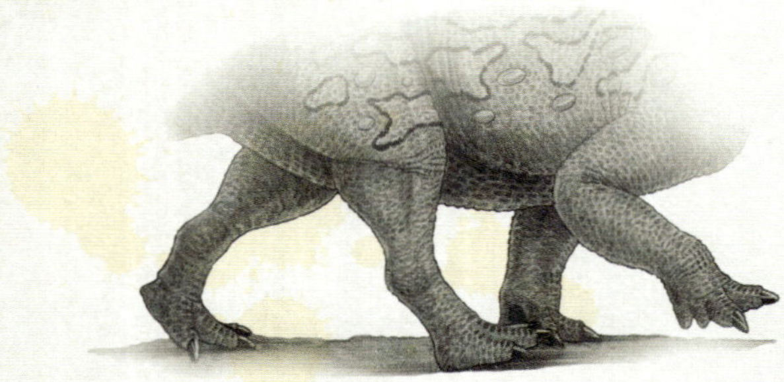

MEMBRES

Avec quatre solides membres, le tricératops avait une allure lente et lourde, mais il pouvait probablement charger aussi violemment qu'un rhinocéros !

CORPS

Son corps volumineux était bâti comme ceux d'un rhinocéros ou d'un éléphant modernes.

MICRO-INFO

Le Torosaurus est un dinosaure cératopsien plus massif mais de même provenance géographique. Il se peut que ce soit un tricératops à un stade de croissance plus avancé.

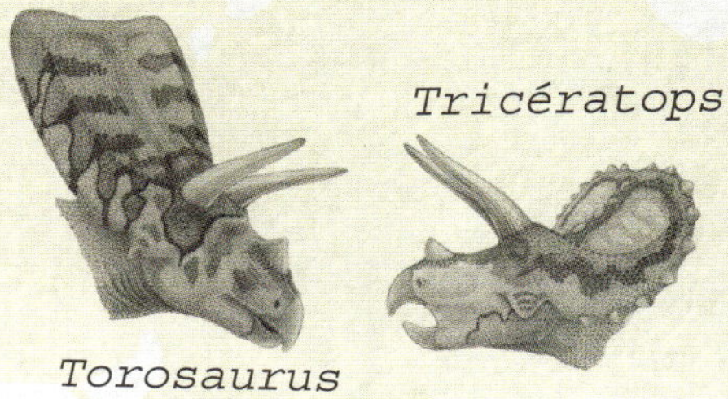

Signification du nom : « tête à trois cornes » (nom créé en 1889).

Groupe : Cératopsidés (Ornithischiens).

Période : fin du Crétacé.

Longueur : jusqu'à 9 mètres.

Localisation : Amérique du Nord.

Fossiles : beaucoup de squelettes complets et incomplets.

Alimentation : plantes.

CORNES

Le tricératops possédait une grande collerette osseuse dotée de deux cornes acérées au-dessus des yeux et une plus petite au-dessus du nez. Il se servait de ses cornes quand il se battait afin de marquer un territoire ou de trouver une partenaire.

BEC

Le tricératops utilisait son bec osseux pour cueillir ou trier de la nourriture à partir de plantes avant de les mâcher avec ses dents.

TYRANNOSAURUS REX

Le *Tyrannosaurus rex* est connu comme l'un des plus grands et des plus féroces dinosaures carnivores. Les paléontologues pensent qu'il chassait d'autres dinosaures en guise de nourriture et qu'il mangeait aussi des carcasses laissées par d'autres prédateurs. Plus de trente spécimens fossilisés ont été découverts.

CORPS

Le tyrannosaure se déplaçait sur deux pattes et maintenait son corps parallèle au sol.

QUEUE

Quand il courait, il maintenait sa queue presque à l'horizontale, ce qui l'aidait à se diriger et à virer de cap.

MICRO-INFO

Les scientifiques pensent que le tyrannosaure a pu être couvert de « proto-plumes ». Ces structures simples ressemblant à des poils étaient une forme primitive des plumes véritables qu'on trouve chez la plupart des oiseaux modernes.

Les « proto-plumes » ressemblaient au duvet des poussins ou aux plumes, semblables à une chevelure, de l'émeu.

Signification du nom : « roi des lézards tyrans » (nom créé en 1905).

Groupe : Tyrannosauridés.

Période : fin du Crétacé.

Longueur : 12 mètres.

Localisation : Amérique du Nord.

Fossiles : au moins trente spécimens plus ou moins complets.

Alimentation : viande.

TÊTE

Le crâne était puissant et bien développé. Sa mâchoire était remplie de dents longues et semblables à des pieux qui servaient à percer la chair et les os.

MEMBRES

Ses bras très courts mais puissants se terminaient par deux doigts griffus. Ses membres arrière, longs et griffus également, permettaient au tyrannosaure de réaliser de courtes pointes de vitesse.

BEIPIAOSAURUS INEXPECTUS

Comme son nom d'espèce, *Inexpectus*, le suggère, le *Beipiaosaurus* représente une découverte inattendue. Il possédait une dentition semblable à celle des premiers sauropodes, par conséquent il se nourrissait probablement de plantes, ce qui est surprenant dans la mesure où la plupart de ses cousins théropodes mangeaient de la viande. C'est l'un des nombreux dinosaures trouvés en Chine qui avait un plumage mais celui-ci servait probablement de protection contre le froid ou pour la parade plutôt qu'à voler.

QUEUE

Sa longue queue était couverte de plumes fines et semblables à des filaments, comme sur la plus grande partie de son corps.

Yutyrannus

MICRO-INFO

Jusqu'à la découverte du Yutyrannus en 2012, le Beipiaosaurus était le plus grand dinosaure connu possédant un plumage.

Signification du nom : « lézard de Beipiao », du nom de la ville chinoise (nom créé en 1999).

Groupe : Thérizinosauroidés (Théropodes).

Période : début du Crétacé.

Longueur : 2,2 mètres.

Localisation : Chine.

Fossiles : au moins deux squelettes incomplets.

Alimentation : plantes.

CORPS

Sa silhouette légère avait des os longs et minces semblables à ceux d'une autruche moderne.

BEC

Comme beaucoup de ses lointains cousins ornithischiens (« qui ont un bassin d'oiseau »), le *Beipiaosaurus* possédait un bec lui permettant de cueillir des feuilles de plantes et d'arbres.

MEMBRES

Ses pattes longues, semblables à celles d'un oiseau, et ses courts membres antérieurs se terminaient par trois griffes.

ALLOSAURUS FRAGILIS

Avec ses dents acérées et la possibilité qu'il ait chassé en meute, l'*Allosaurus* est surnommé « le loup du Jurassique ». Connu grâce à des fossiles provenant de l'ouest des États-Unis, il chassait probablement des dinosaures tels que le stégosaure ou, proie plus accessible, l'ornithopode (« pieds d'oiseau ») *Camptosaurus*. Un fossile d'allosaure va jusqu'à montrer une plaie cicatrisée causée par la queue à pointes d'un stégosaure !

Signification du nom : « reptile différent et délicat » (nom créé en 1877).

Groupe : Allosauridés (Théropodes)

Période : fin du Jurassique.

Longueur : jusqu'à 12 mètres.

Localisation : Amérique du Nord, Europe.

Fossiles : beaucoup de squelettes complets et incomplets.

Alimentation : viande.

CRÊTES

Ses petites crêtes osseuses au-dessus des yeux servaient probablement à la parade amoureuse ou à l'identification d'autres allosaures.

DENTS

L'allosaure possédait de nombreuses dents tranchantes comme des lames qui lui servaient à déchirer la viande. Lorsqu'il attaquait une proie, ses mâchoires faisaient probablement un mouvement vertical, comme une hache.

MEMBRES

Prédateur agile, l'allosaure courait sur deux pattes puissantes. Il saisissait ses proies avec ses mains pourvues de trois griffes.

ANCHIORNIS HUXLEYI

Des fossiles d'*Anchiornis* récemment déterrés en Chine sont si bien conservés que les paléontologues sont parvenus à reconstituer la couleur et le motif de leurs plumes. De même que d'autres dinosaures à plumage tels que les *Microraptor*, l'*Anchiornis* ne pouvait probablement pas voler mais il pouvait planer. Ceci montre que, depuis l'origine, les plumes ont probablement évolué pour des raisons différentes du vol, comme planer, capter de la chaleur ou faire une parade amoureuse.

CORPS

Son corps délicat et recouvert de plumes, pourvu d'os longs et minces, était très semblable à celui d'un oiseau moderne.

GRIFFES

Il utilisait peut-être les griffes acérées et mortelles de ses pieds pour grimper aux arbres ou ne pas laisser une proie s'échapper.

MICRO-INFO

Avec l'Aurornis xui, il se peut que l'Anchiornis ait été un des premiers ancêtres des oiseaux.

Signification du nom : « près de l'oiseau » (nom créé en 2009).

Groupe : Troödontidés (Théropodes).

Période : fin du Jurassique.

Longueur : jusqu'à 50 centimètres.

Localisation : Liaoning, Chine.

Fossiles : au moins trois (peut-être d'autres dans des collections).

Alimentation : insectes, petits vertébrés.

CRÊTE

Il se servait probablement de sa crête orange, tirant sur le brun, pour émettre des signaux ou attirer une partenaire.

AILES

Avec ses pattes et ses bras bâtis comme des ailes, l'*Anchiornis* planait probablement depuis les cimes des arbres afin de saisir des proies dans ses griffes acérées.

STEGOSAURUS STENOPS

Beaucoup de squelettes complets et incomplets de *Stegosaurus* ont été découverts. Cette espèce vivait à la fin du Jurassique, il y a 150-155 millions d'années. Son nom signifie « reptile à toit » parce que lorsque des os de ce dinosaure furent découverts pour la première fois, quelques-unes des reconstitutions placèrent ses rangées de plaques osseuses pointues à plat sur son dos, comme des tuiles qui se chevauchent sur un toit.

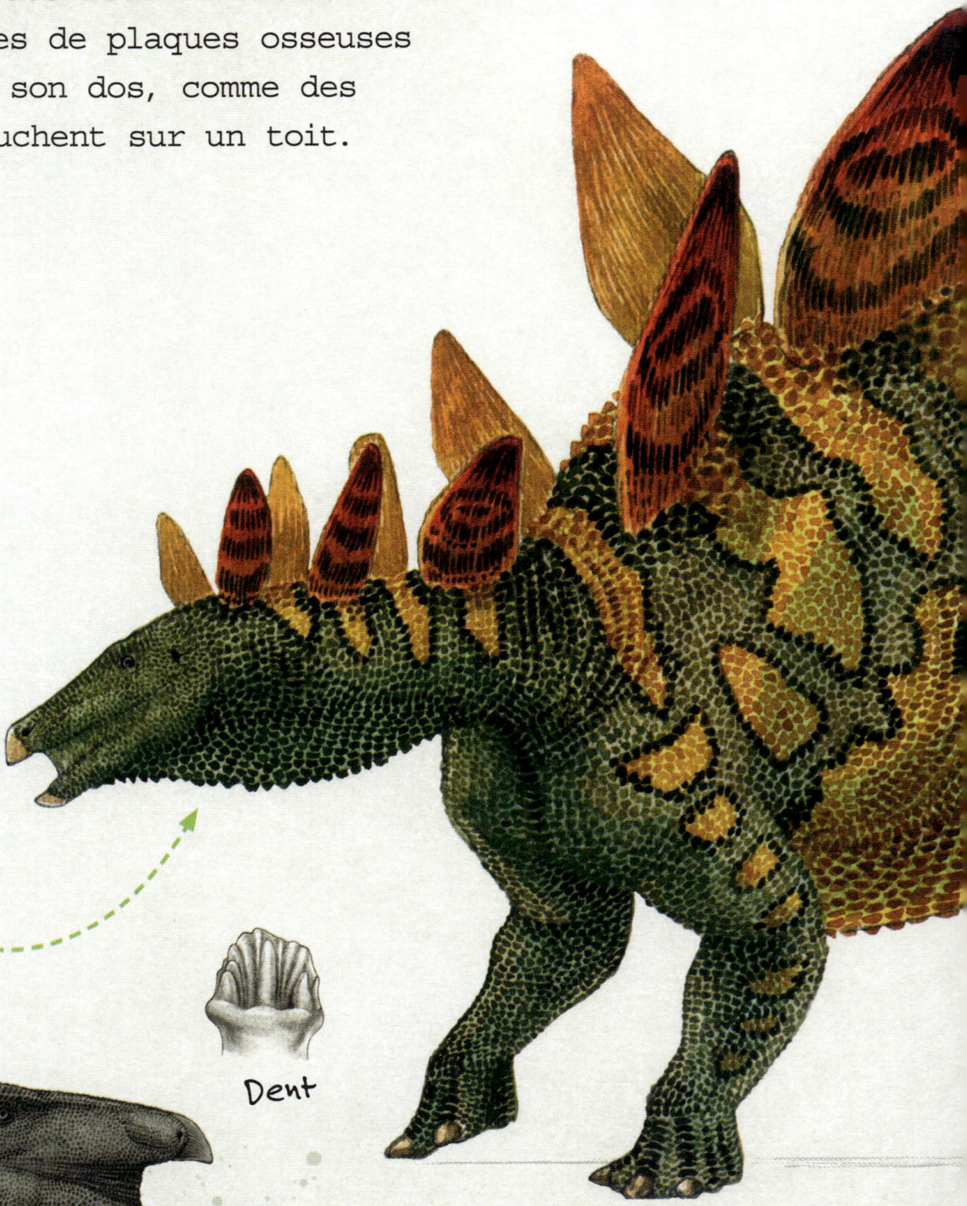

TÊTE

Le stégosaure possédait un cerveau minuscule. Son crâne était remarquablement petit par rapport à la taille de son corps. Sa mâchoire était munie de dents servant à découper la végétation. Il maintenait sa tête près du sol.

Dent

Signification du nom : « reptile à toit » (nom créé en 1877).
Groupe : Stégosauridés.
Période : fin du Jurassique.
Longueur : 9 mètres.
Localisation : Amérique du Nord.
Fossiles : beaucoup de squelettes complets et incomplets.
Alimentation : plantes.

QUEUE

La queue était la principale arme de défense du stégosaure. Les longues et tranchantes projections osseuses à son extrémité servaient à transpercer ses adversaires.

CORPS

Les plaques osseuses protectrices situées le long de son dos sont l'une de ses principales caractéristiques. Il les utilisait peut-être pour la parade ou pour contrôler la température de son corps.

MEMBRES

Ses pattes arrière étaient légèrement plus longues que ses pattes avant. Il marchait sur ses quatre pattes.

FRUITADENS HAAGARORUM

Son nom vient de la ville américaine de Fruita (dans le Colorado), où il a été découvert. Le *Fruitadens* était un petit dinosaure bizarre. Mesurant entre 65 et 75 centimètres de long, il est le plus petit des dinosaures ornithischiens connus à ce jour. Il y a environ 150 millions d'années, ce fut l'un des derniers survivants parmi les Hétérodontosauridés.

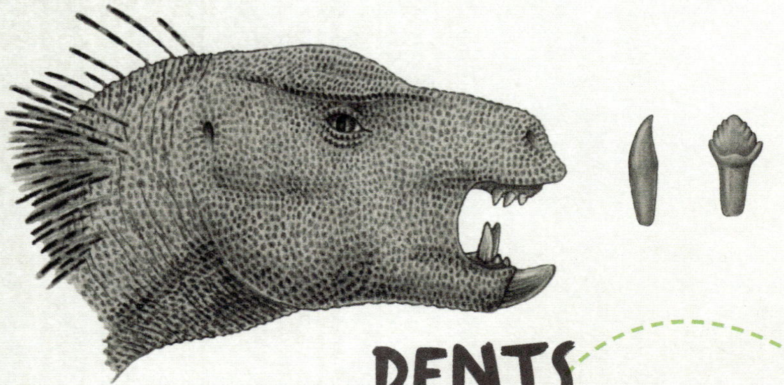

DENTS

Le *Fruitadens* faisait partie d'un groupe appelé Hétérodontosauridés, ce qui signifie « reptiles à dents différentes ». Il possédait des crocs assez courts à l'avant de ses mâchoires ; il s'en servait peut-être pour déterrer des racines.

MEMBRES

Les bras du *Fruitadens* étaient courts et ses pattes longues, avec des os creux comme chez certains dinosaures théropodes. C'était probablement un coureur rapide et agile.

Signification du nom : « dent de Fruita » (nom créé en 2010).

Groupe : Hétérodontosauridés (Ornithischiens).

Période : fin du Jurassique

Longueur : de 65 à 75 cm.

Localisation : États-Unis (Colorado).

Fossiles : quatre crânes et des squelettes partiels.

Alimentation : viande, graines, plantes.

CORPS

Les sortes de soies sur certaines parties de son corps lui donnaient presque l'apparence d'un hérisson. Il marchait avec le dos courbé.

QUEUE

Sa queue exceptionnellement longue faisait presque deux fois la longueur du reste de son corps, et elle était couverte de sortes de soies.

MICRO-INFO

Le Fruitadens ne pesait que 650 grammes environ, soit moins qu'un paquet de sucre !

GIRAFFATITAN BRANCAI

Les dinosaures sauropodes étaient les plus grands animaux qui aient jamais peuplé la terre, et le *Giraffatitan* était l'un des plus grands d'entre eux. Il avait un cou immense, qu'il tenait presque à la verticale, et son corps énorme était soutenu par quatre membres solides. Deux « narines » au sommet de sa tête, près de l'extrémité de son museau, semblent indiquer que le *Giraffatitan*, comme le *Parasaurolophus*, était à l'origine amphibie. Les recherches actuelles, cependant, montrent que la pression de l'eau l'aurait écrasé et qu'il vivait la plupart du temps sur la terre ferme.

CORPS

Son corps gigantesque était recouvert de côtes longues et solides et était positionné de biais à cause de ses pattes avant plus longues.

MICRO-INFO

Beaucoup de sauropodes mangeaient des pierres qui les aidaient à broyer la nourriture végétale coriace dans leurs estomacs. On trouve souvent ces pierres, appelées gastrolithes, à proximité des squelettes de dinosaures.

DENTS

Ses dents en forme de ciseaux cueillaient de grandes quantités de végétation, à partir de plantes, qu'il traitait dans son estomac énorme.

Signification du nom : « girafe de taille titanesque » (nom créé en 1914).

Groupe : Sauropodomorphes (Saurischiens).

Période : fin du Jurassique.

Longueur : 23 mètres.

Localisation : Tanzanie.

Fossiles : quelques squelettes partiels et des crânes.

Alimentation : plantes.

COU

Le *Giraffatitan* avait un cou bien plus long que celui du platéosaure (voir p. 42), ce qui lui donnait une plus grande marge de manœuvre lorsqu'il broutait.

MEMBRES

Le gigantesque *Giraffatitan* avait souvent besoin de se reposer sur ses quatre membres solides mais il pouvait peut-être aussi se dresser sur ses pattes arrière afin d'atteindre une végétation très en hauteur, ou pour se défendre.

PLATEOSAURUS ENGELHARDTI

Le *Plateosaurus* était un des premiers dinosaures sauropodomorphes, cousins des sauropodes avancés tels que le *Giraffatitan*. Pour cette raison, on l'appelle souvent un « prosauropode » (ce qui signifie « avant les sauropodes »). Le platéosaure se nourrissait peut-être de petits animaux, en plus des plantes qui constituaient son alimentation habituelle. Son long cou et sa queue lui servaient de balanciers lorsqu'il cherchait de la nourriture dans les arbres, et il était capable de courir rapidement sur ses longues pattes arrière.

QUEUE

Sa longue queue servait peut-être à frapper ses adversaires lorsqu'il se battait pour une femelle ou pour un territoire. Elle pouvait aussi lui servir de balancier lorsqu'il se dressait pour atteindre de la nourriture dans les arbres.

COU

Un petit crâne et un long cou aidaient le platéosaure à atteindre de la nourriture dans les arbres.

Signification du nom : « lézard large » (nom créé en 1837).

Groupe : Sauropodomorphes (Saurischiens).

Période : fin du Trias.

Longueur : jusqu'à 10 mètres.

Localisation : Europe centrale et Europe du Nord.

Fossiles : plus d'une centaine de squelettes.

Alimentation : plantes.

CORPS

Son corps, bien plus petit que celui de son cousin le *Giraffatitan*, possédait un squelette plus léger, avec des côtes minces et courbes.

MEMBRES

Le platéosaure se déplaçait sur deux pieds. Ses pattes avant étaient particulièrement puissantes et il se servait probablement de ses mains pour empoigner.

PISANOSAURUS MERTII

Le Pisanosaurus, comme le *Fruitadens*, est un des premiers dinosaures ornithischiens. Il vivait à peu près 70 millions d'années avant le *Fruitadens*, à la fin du Trias, dans ce qui est aujourd'hui l'Argentine. Le *Pisanosaurus* est un dinosaure rare. Il habitait les mêmes zones que le théropode connu sous le nom d'*Herrerasaurus*, qui devait voir en le *Pisanosaurus* un casse-croûte savoureux !

MICRO-INFO
Il est possible que le Pisanosaurus ait été le premier ancêtre de tous les dinosaures ornithischiens.

MICRO-INFO

Contrairement à d'autres dinosaures primitifs, deux des trois os iliaques (de la hanche), chez le Pisanosaurus, *pointaient en arrière et vers le bas.*

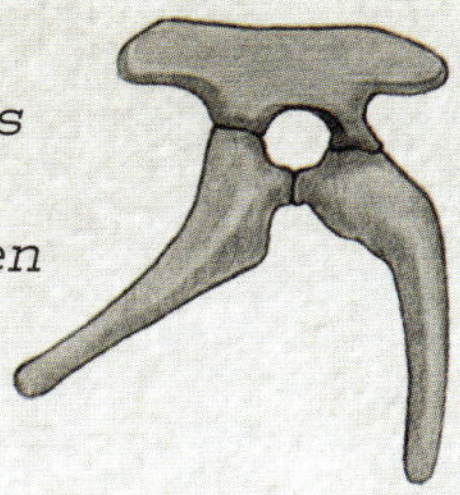

Signification du nom : « lézard de Pizano », nommé d'après le paléontologue Juan Pisano (nom créé en 1967).

Groupe : Ornithischiens.

Période : fin du Trias.

Longueur : jusqu'à 1 mètre.

Localisation : Argentine.

Fossiles : un squelette incomplet.

Alimentation : plantes.

CORPS

Le *Pisanosaurus* fut probablement le premier dinosaure à posséder des os iliaques semblables à ceux d'un oiseau plutôt qu'à ceux d'un reptile. Il possédait un corps aux lignes pures, presque comme un lévrier actuel.

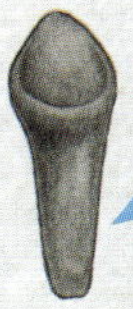

TÊTE

Comme tous les autres ornithischiens, le *Pisanosaurus* se nourrissait de plantes. Il possédait un bec et des dents en forme de pics afin d'arracher la végétation.

MEMBRES

Ses pattes, qui étaient beaucoup plus longues que ses bras, étaient bâties pour la course. Il était probablement capable de se tenir droit, en position de vigilance, comme un suricate moderne.

SITES DE FOUILLES

Des ossements appartenant aux douze dinosaures présentés dans le guide pratique ont été mis au jour sur trois chantiers mais ils sont tous mélangés ! Ta mission est de reconstituer le squelette de chaque dinosaure.
Les chantiers proviennent de trois ères différentes : le Crétacé, le Jurassique et le Trias. Utilise les descriptions du guide pratique pour t'aider à trouver quels os appartiennent à quel dinosaure.

Identifie les pièces

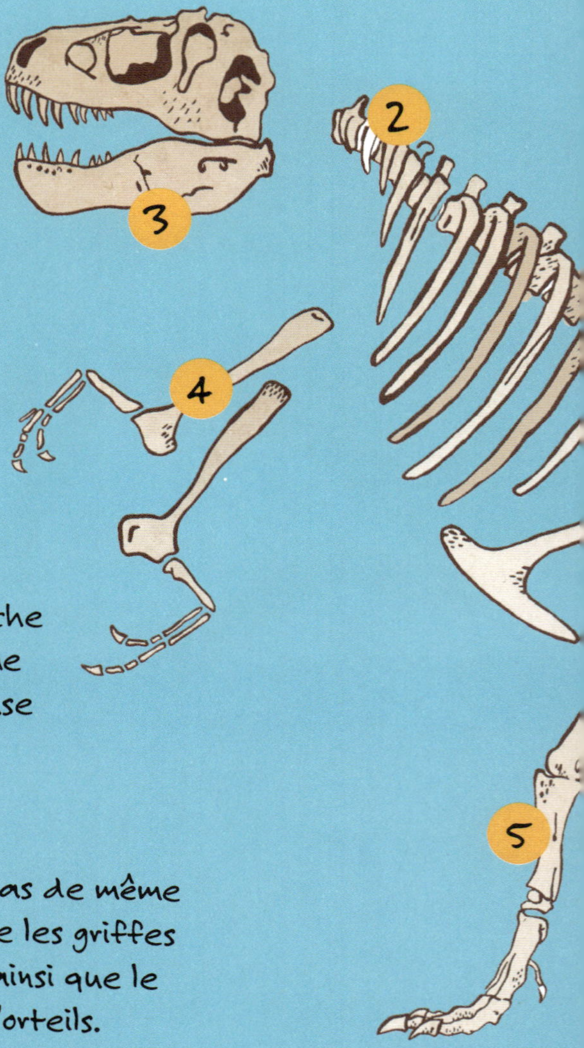

1 Détache les socles et plie le rabat en suivant les pointillés.

2 Détache les corps. Cherche des éléments comme des plaques osseuses, une queue longue et épaisse, ou bien un squelette mince, en forme d'oiseau.

3 Identifie les têtes. Cherche des caractéristiques comme des cornes, une crête osseuse ou des dents particulières.

4 Cherche des bras de même taille puis cherche les griffes correspondantes ainsi que le nombre correct d'orteils.

5 Identifie les pattes de même taille. Vérifie que les longueurs, les épaisseurs et les pieds aillent bien ensemble.

LA RECONSTITUTION

- Les pièces s'assemblent par des fentes. Assemble-les précautionneusement.
- Attache d'abord les têtes et les queues. Joins ensuite le plus petit os à la pièce du cou attachée à la tête ; joins le plus gros au corps.
- Attache les os iliaques (des hanches) et les omoplates (si besoin est) puis les membres.
- Fixe le dinosaure à son socle, à l'endroit indiqué, c'est-à-dire au niveau du corps ou de la queue (pour un, c'est au niveau de la tête !) et tu auras ton propre modèle de dinosaure !
- Pour que tes dinosaures tiennent bien, tu peux coller les socles sur un carton épais.

6 Certains modèles ont une pièce spéciale pour les os iliaques. Identifie-les en te servant des indices sur la page.

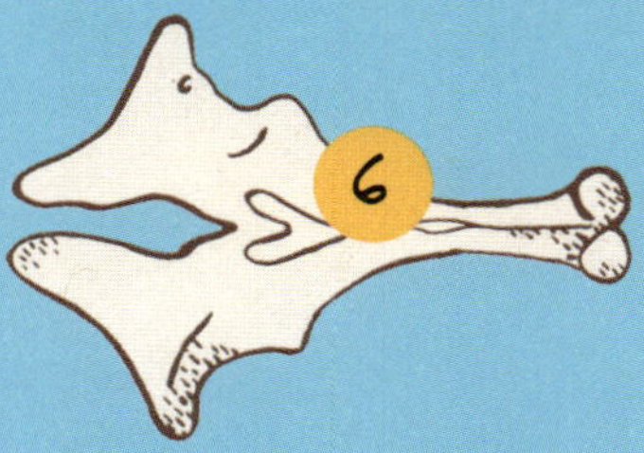

7 Certains modèles ont une pièce spéciale pour les omoplates. Identifie-les en te servant des indices sur la page.

8 Tu trouveras des indices qui t'aideront à identifier les petits os du cou et de la queue.

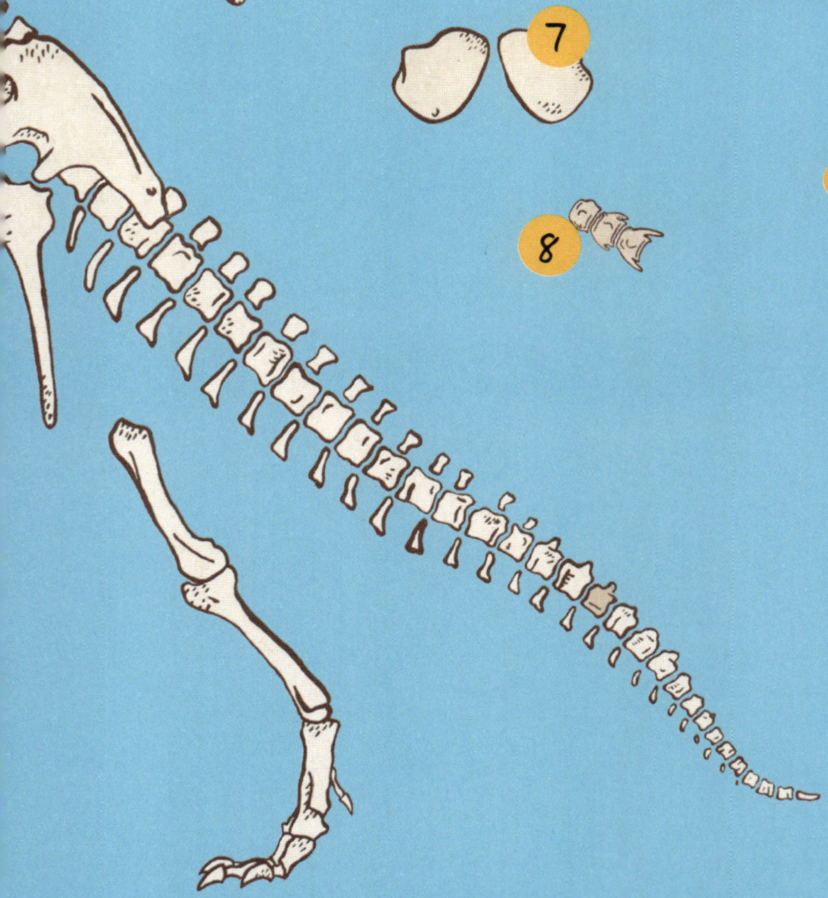

Si tu n'es pas sûr(e) de bien avancer, ou si tu es en panne, regarde les réponses de la page 75 à la page 78 afin de t'assurer que tu es sur la bonne piste.

COUP DE POUCE !

- Commence par les dinosaures du Trias : il n'y en a que deux !
- Consulte le guide pratique pour chaque dinosaure et étudie bien les illustrations.
- Réfléchis à la silhouette et à la taille de chaque dinosaure. Un animal de grande taille aura des os plus gros, plus épais. À l'inverse, un dinosaure léger, à longues pattes, aura des os plus petits.
- N'oublie pas les petits détails. Cherche des éléments comme des griffes, des pieds ou un bec.
- Les sections en vis-à-vis ne sont pas identiques. Les sections recto-verso sont identiques.

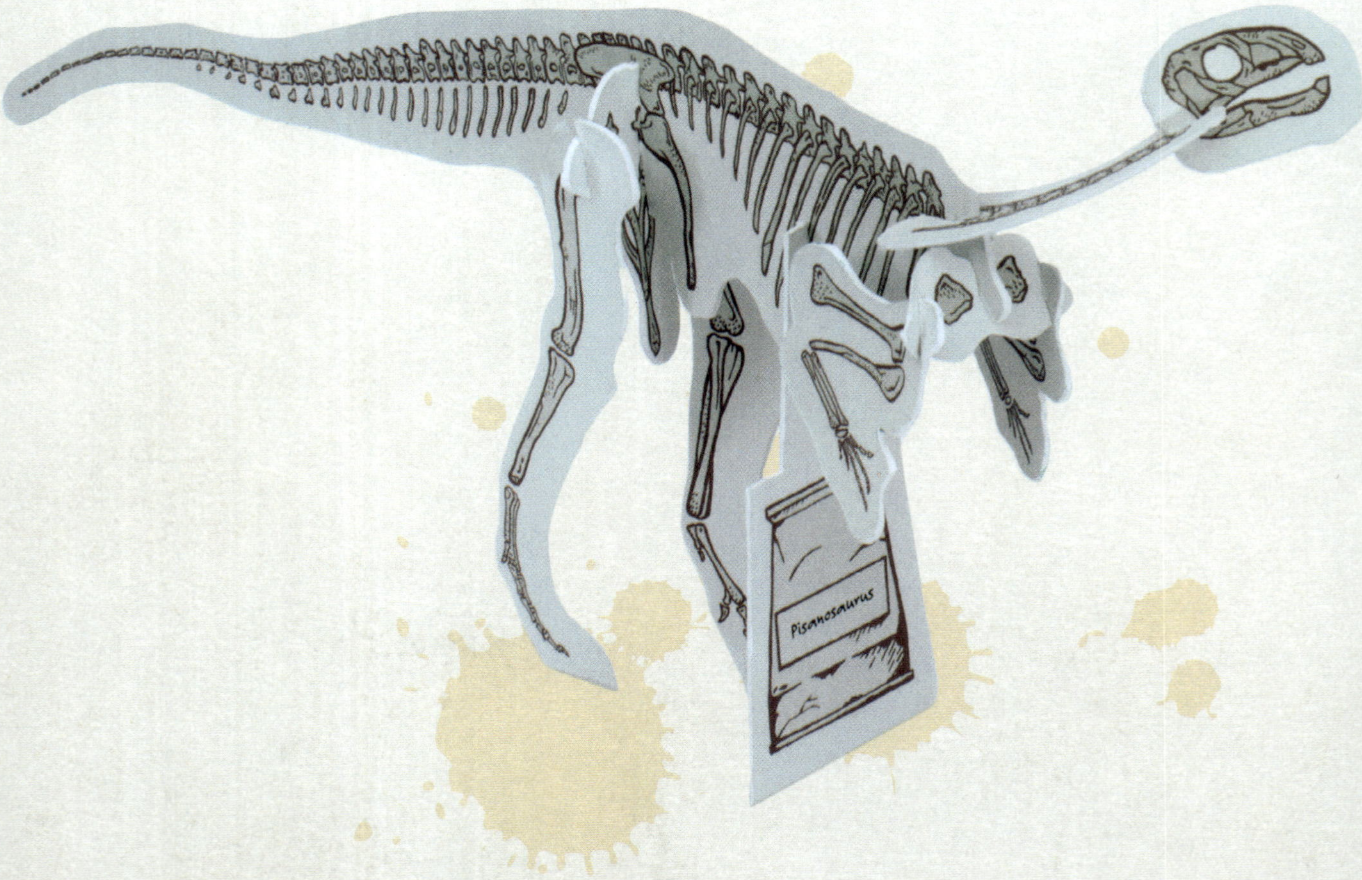

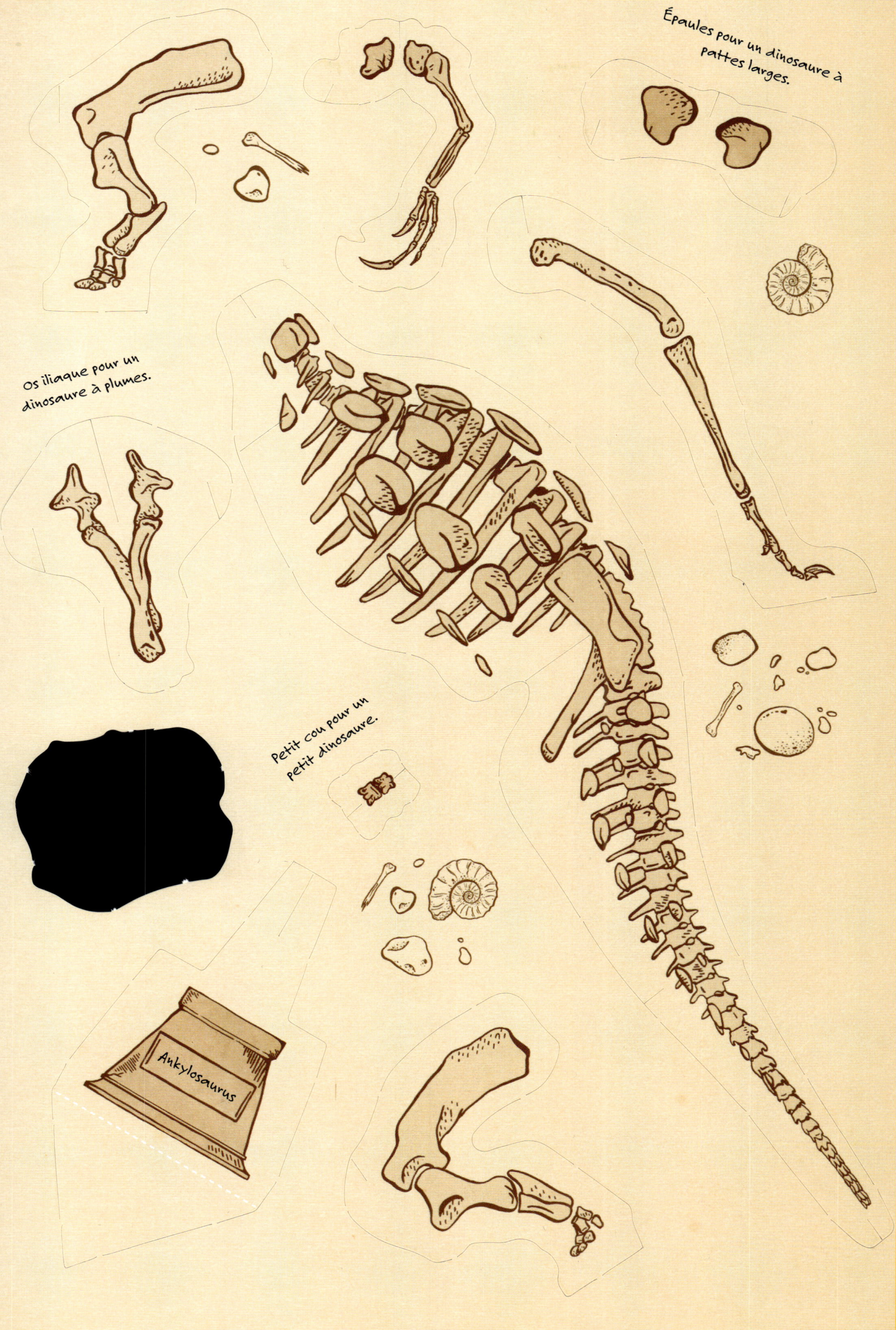
Épaules pour un dinosaure à pattes larges.
Os iliaque pour un dinosaure à plumes.
Petit cou pour un petit dinosaure.
Ankylosaurus

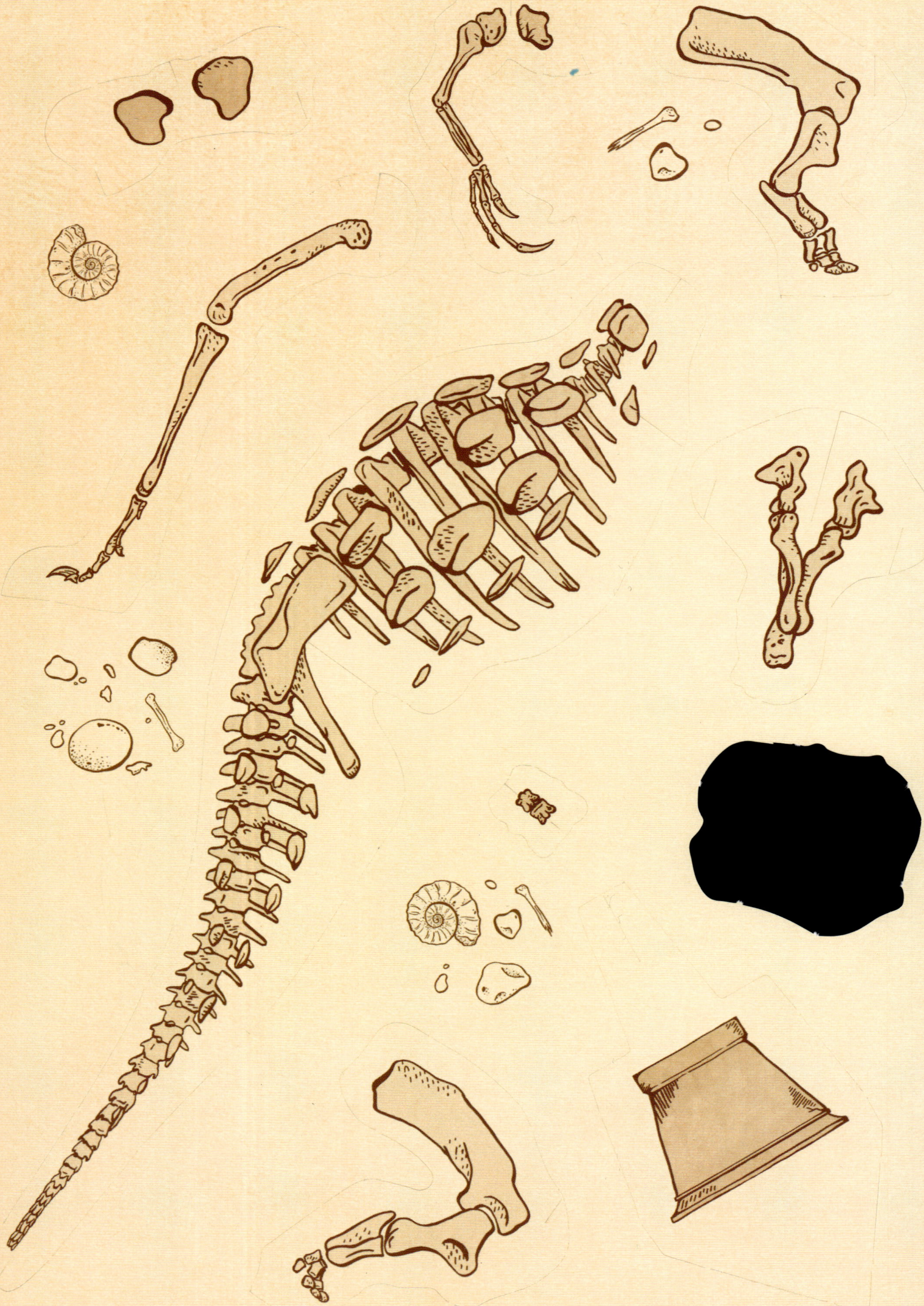

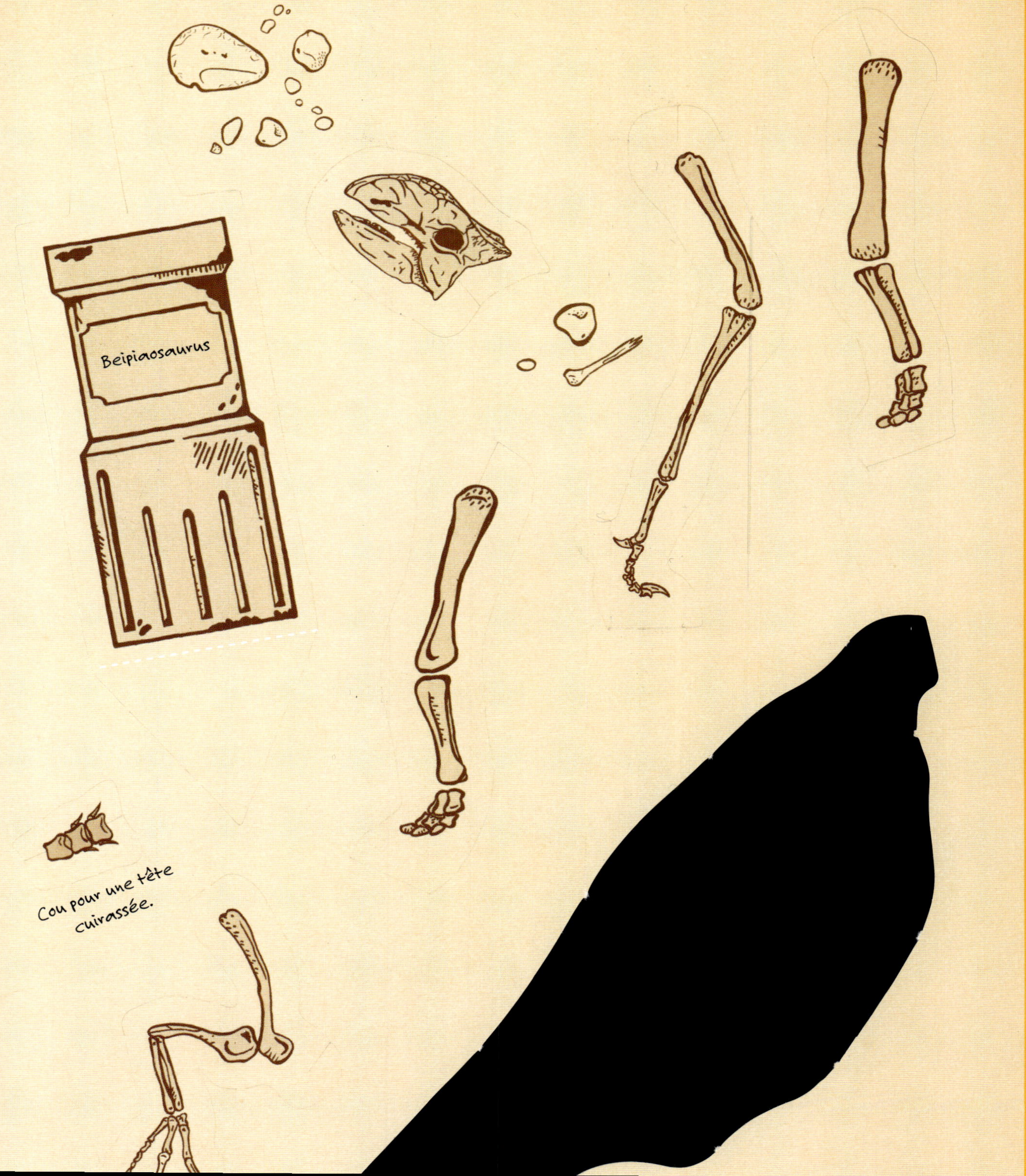
Beipiaosaurus
Cou pour une tête cuirassée.

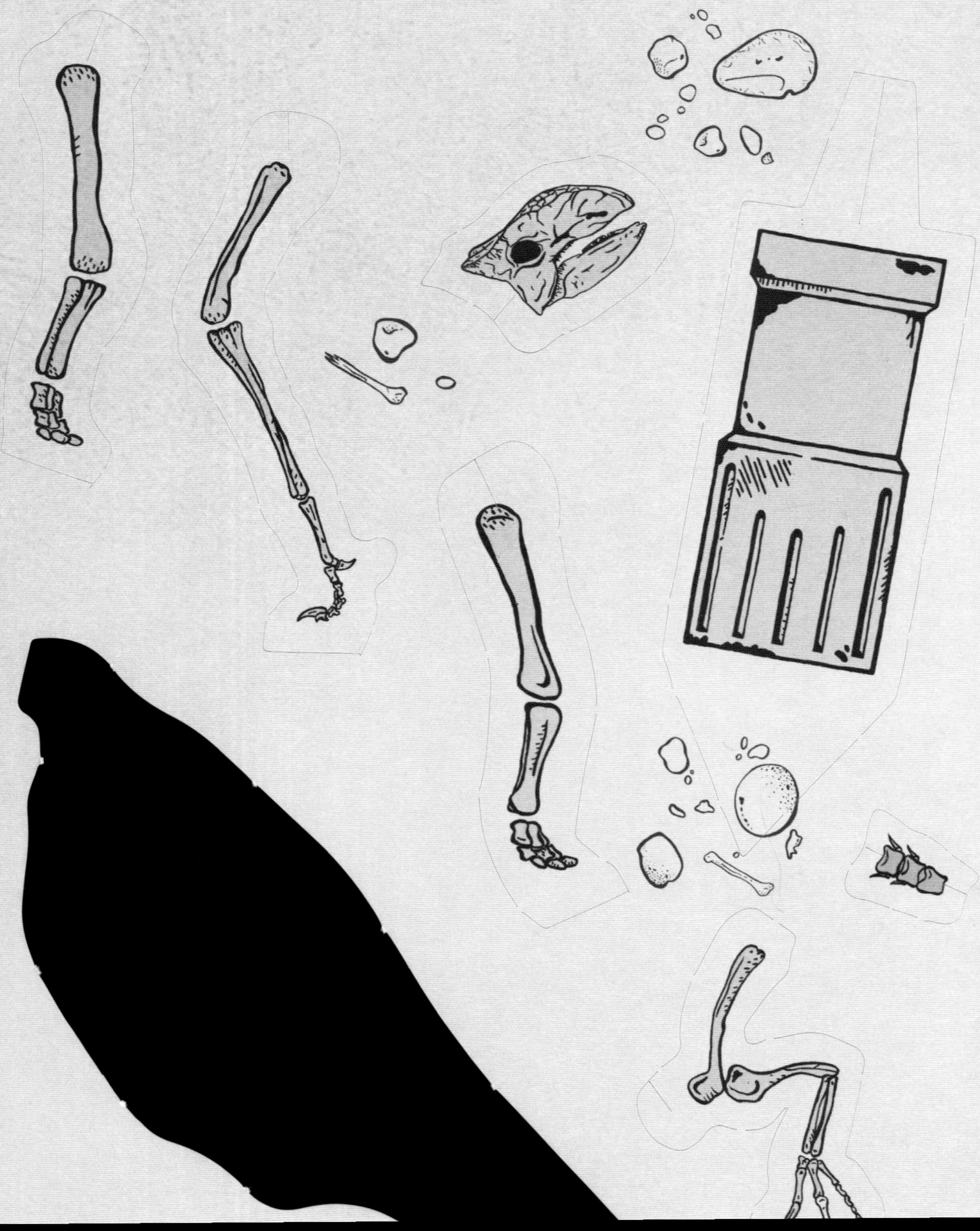

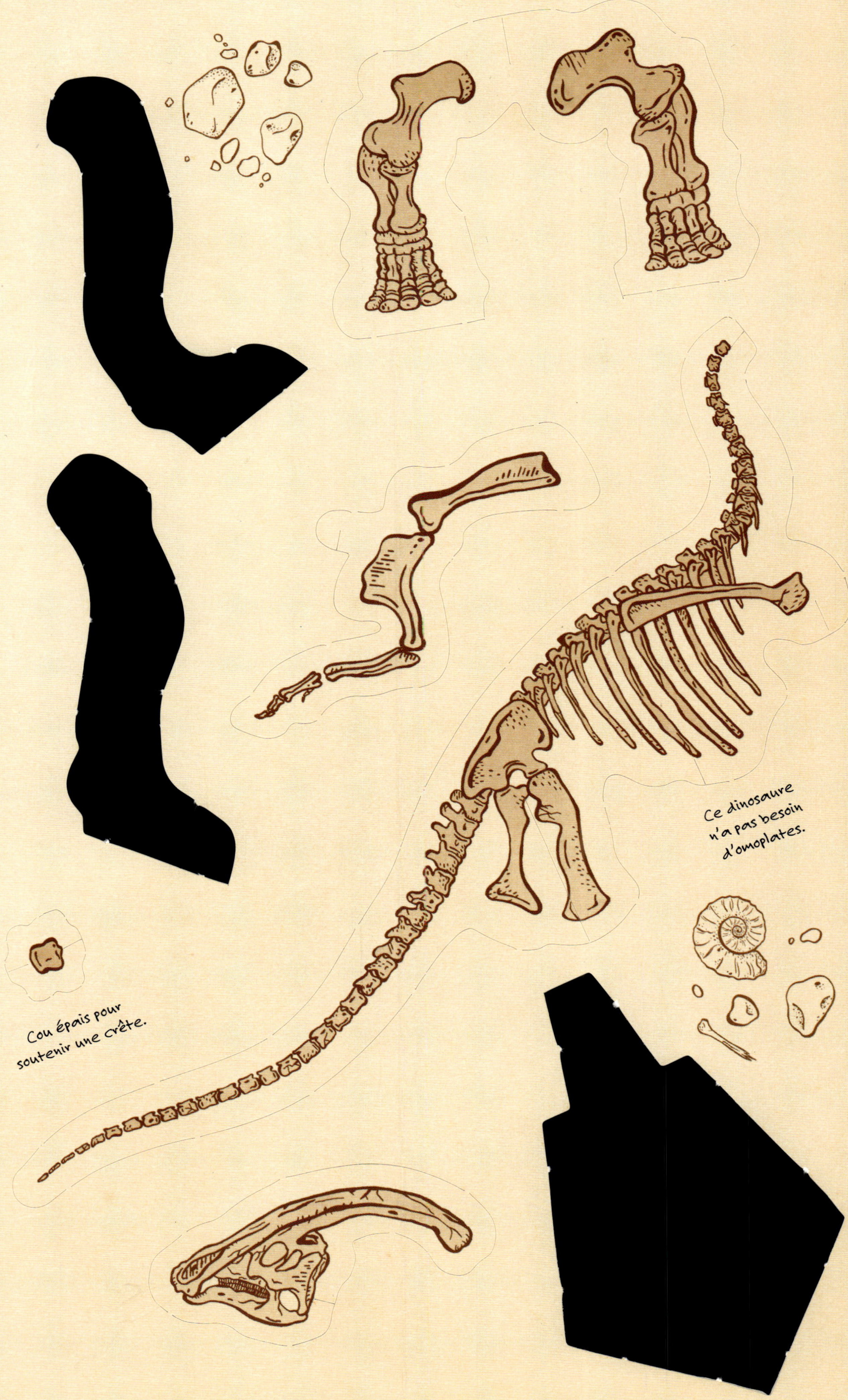
Ce dinosaure n'a pas besoin d'omoplates.
Cou épais pour soutenir une crête.

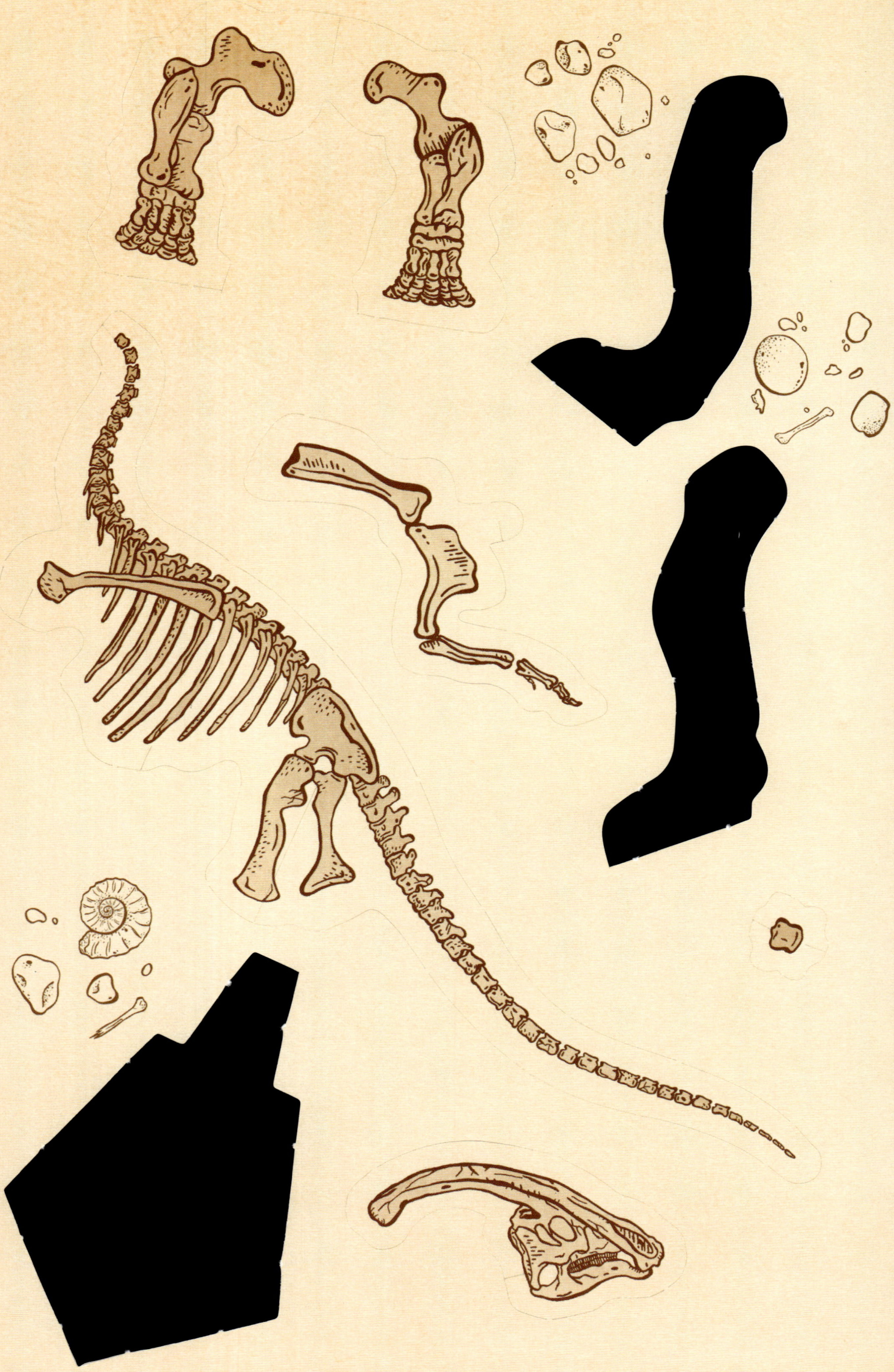

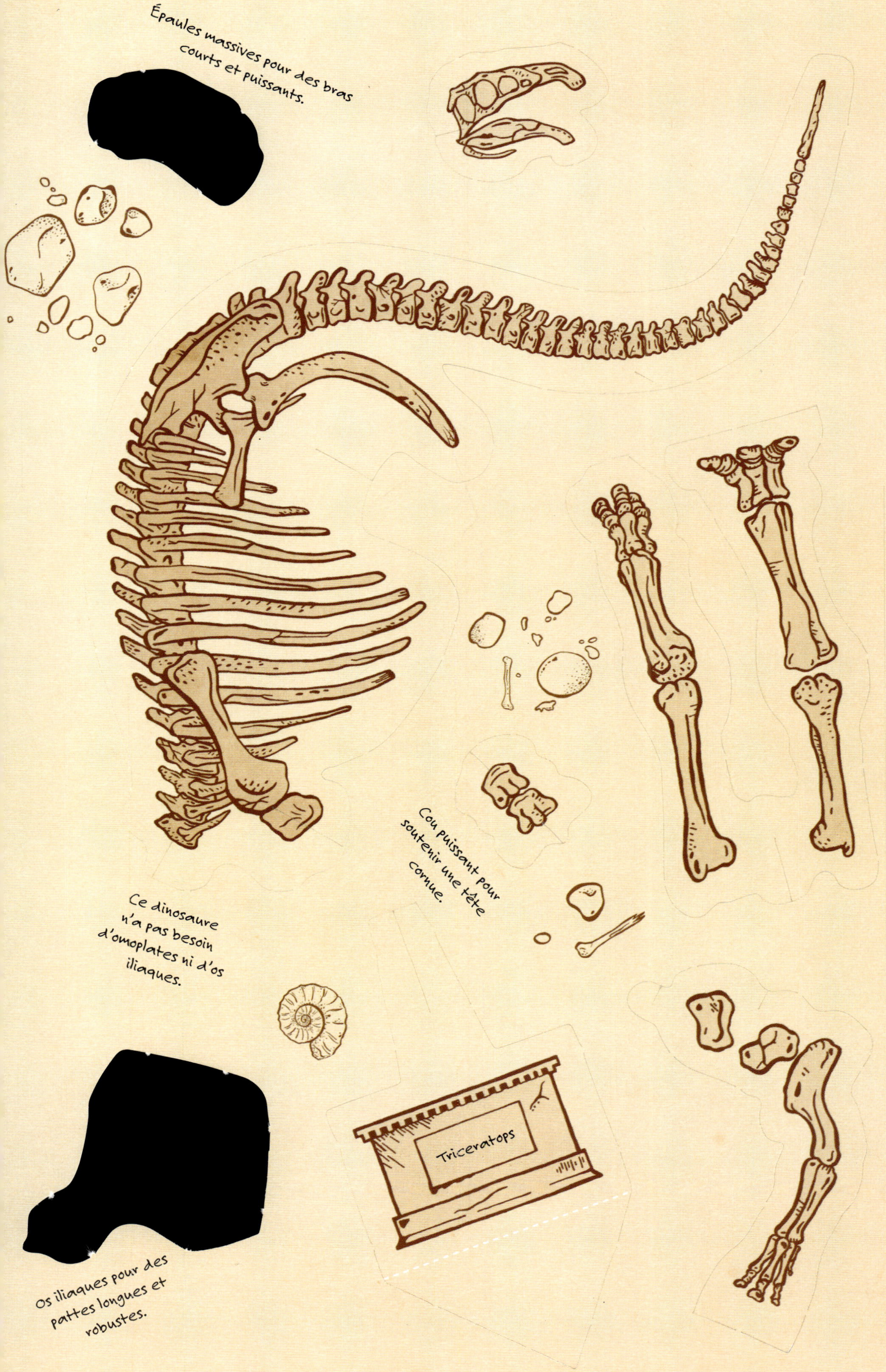
Épaules massives pour des bras courts et puissants.
Cou puissant pour soutenir une tête cornue.
Ce dinosaure n'a pas besoin d'omoplates ni d'os iliaques.
Triceratops
Os iliaques pour des pattes longues et robustes.

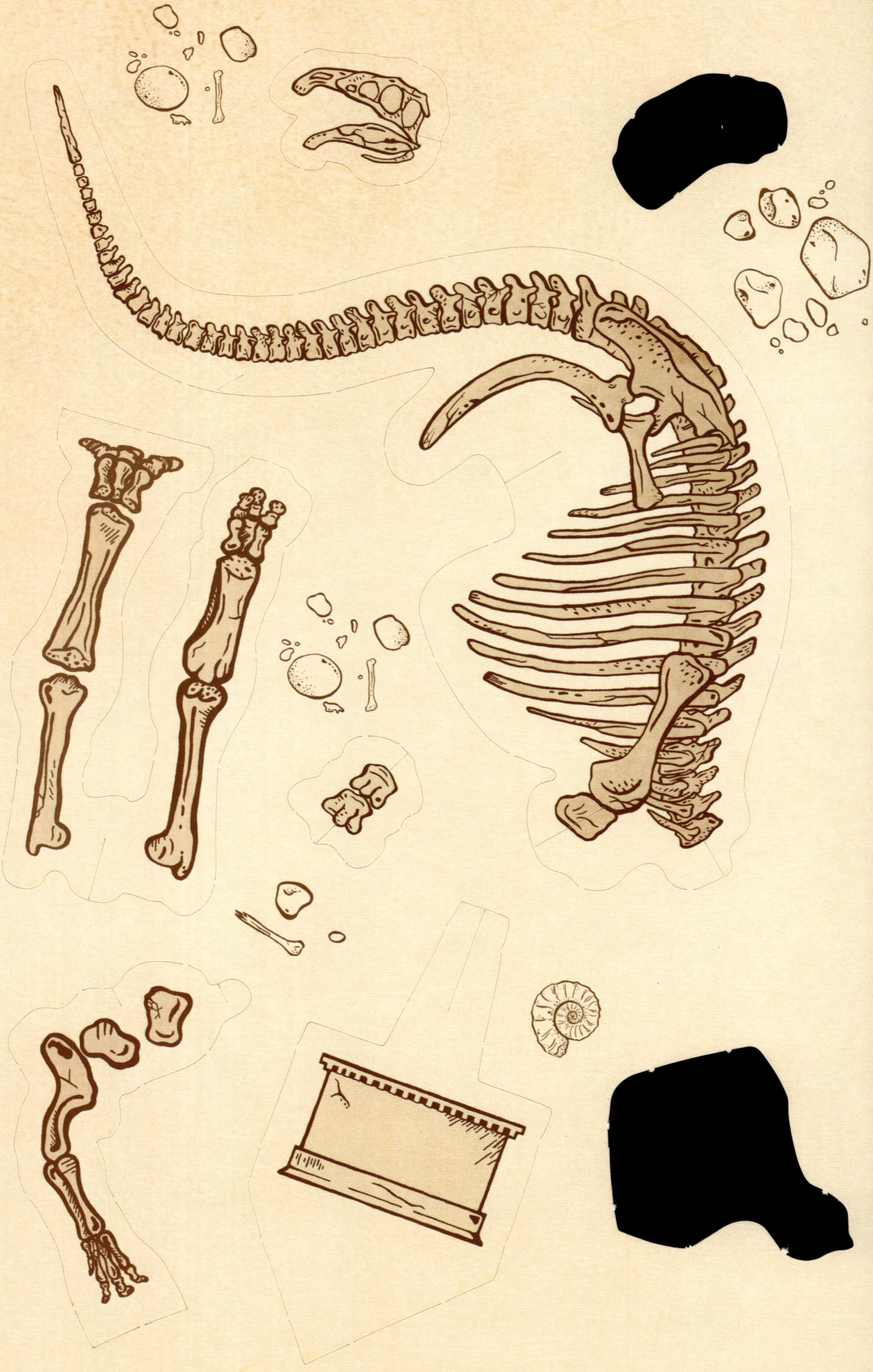

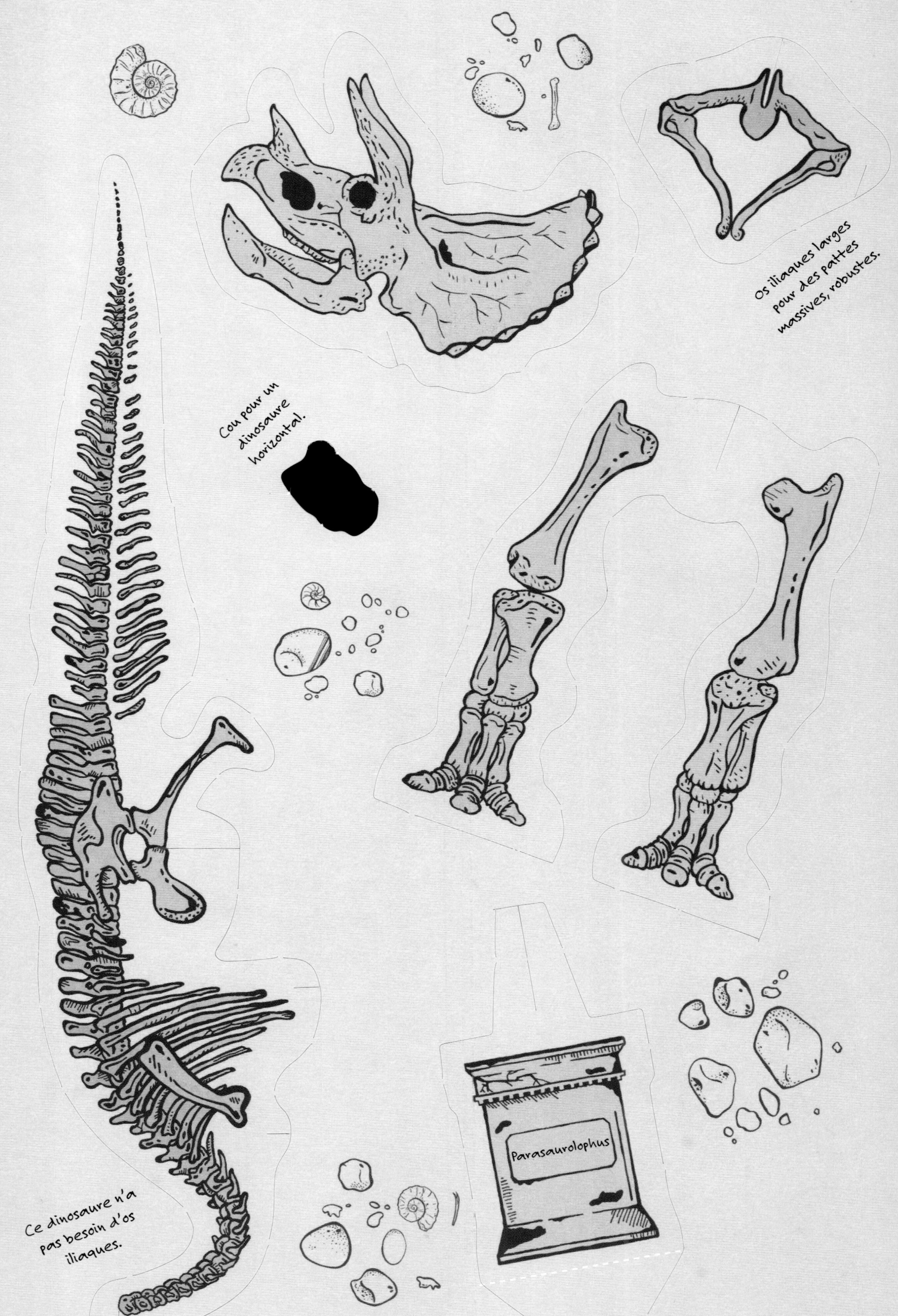
Os iliaques larges
pour des pattes
massives, robustes.
Cou pour un
dinosaure
horizontal.
Parasaurolophus
Ce dinosaure n'a
pas besoin d'os
iliaques.

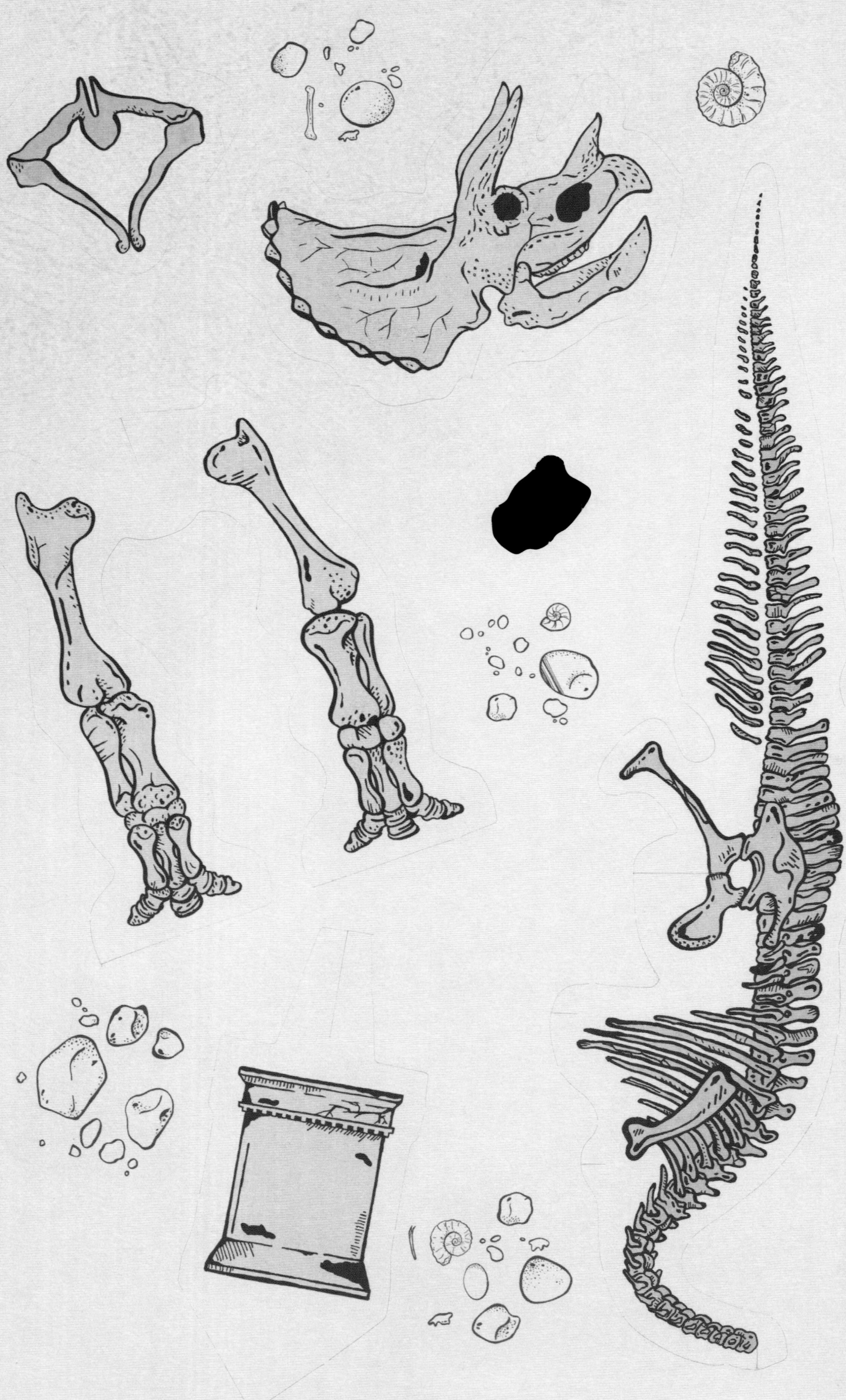

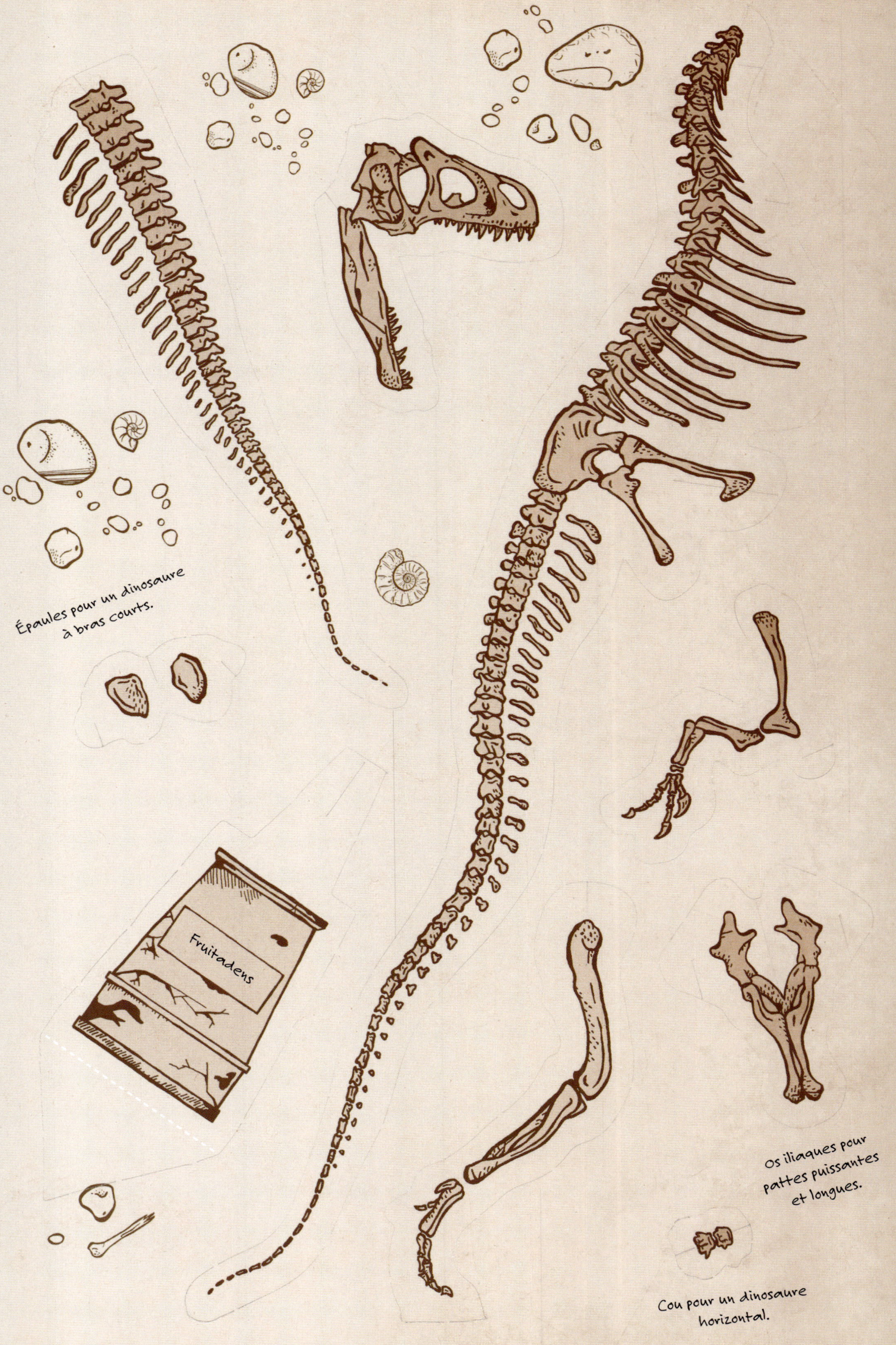
Épaules pour un dinosaure
à bras courts.
Fruitadens
Os iliaques pour
pattes puissantes
et longues.
Cou pour un dinosaure
horizontal.

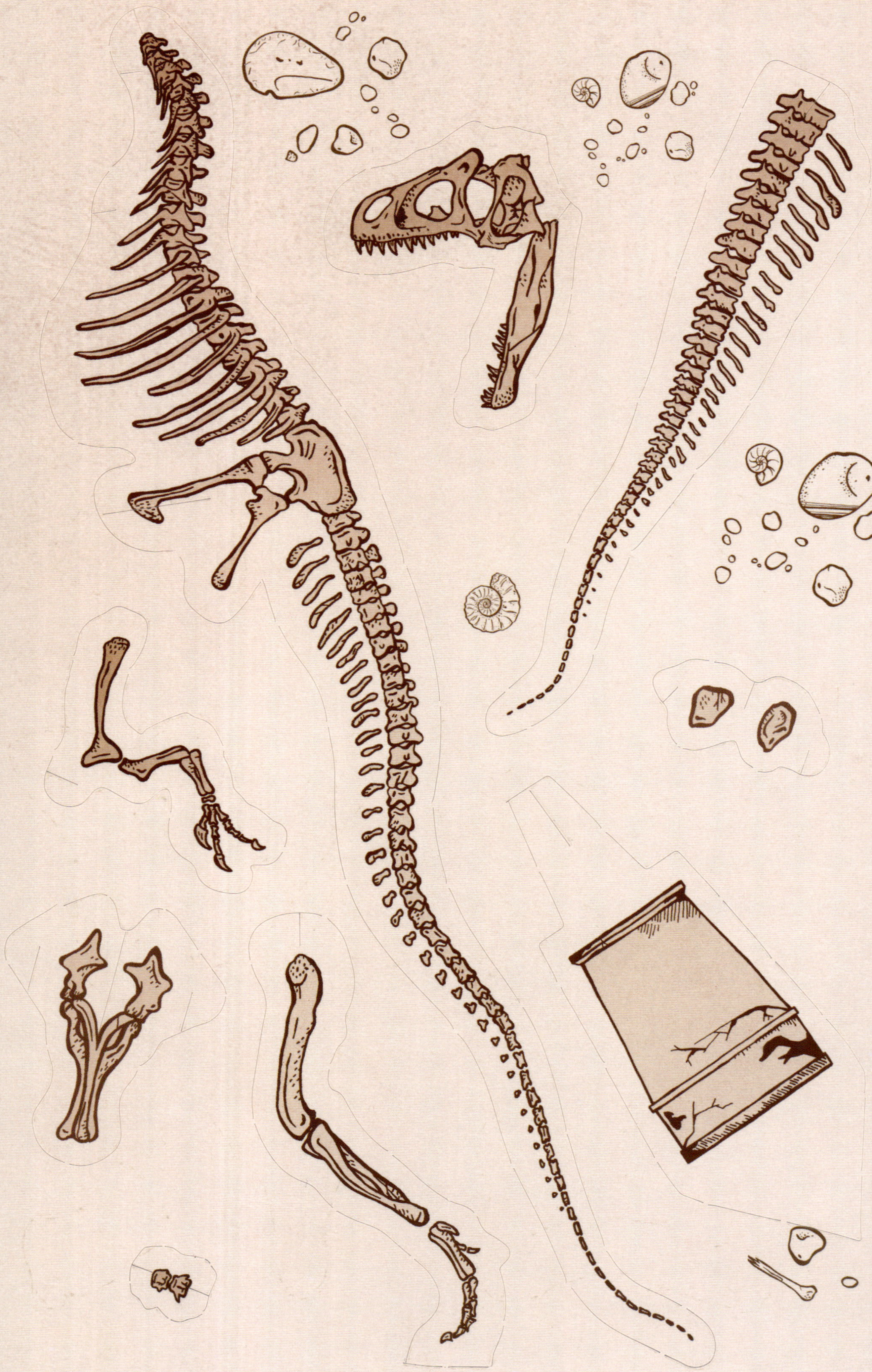

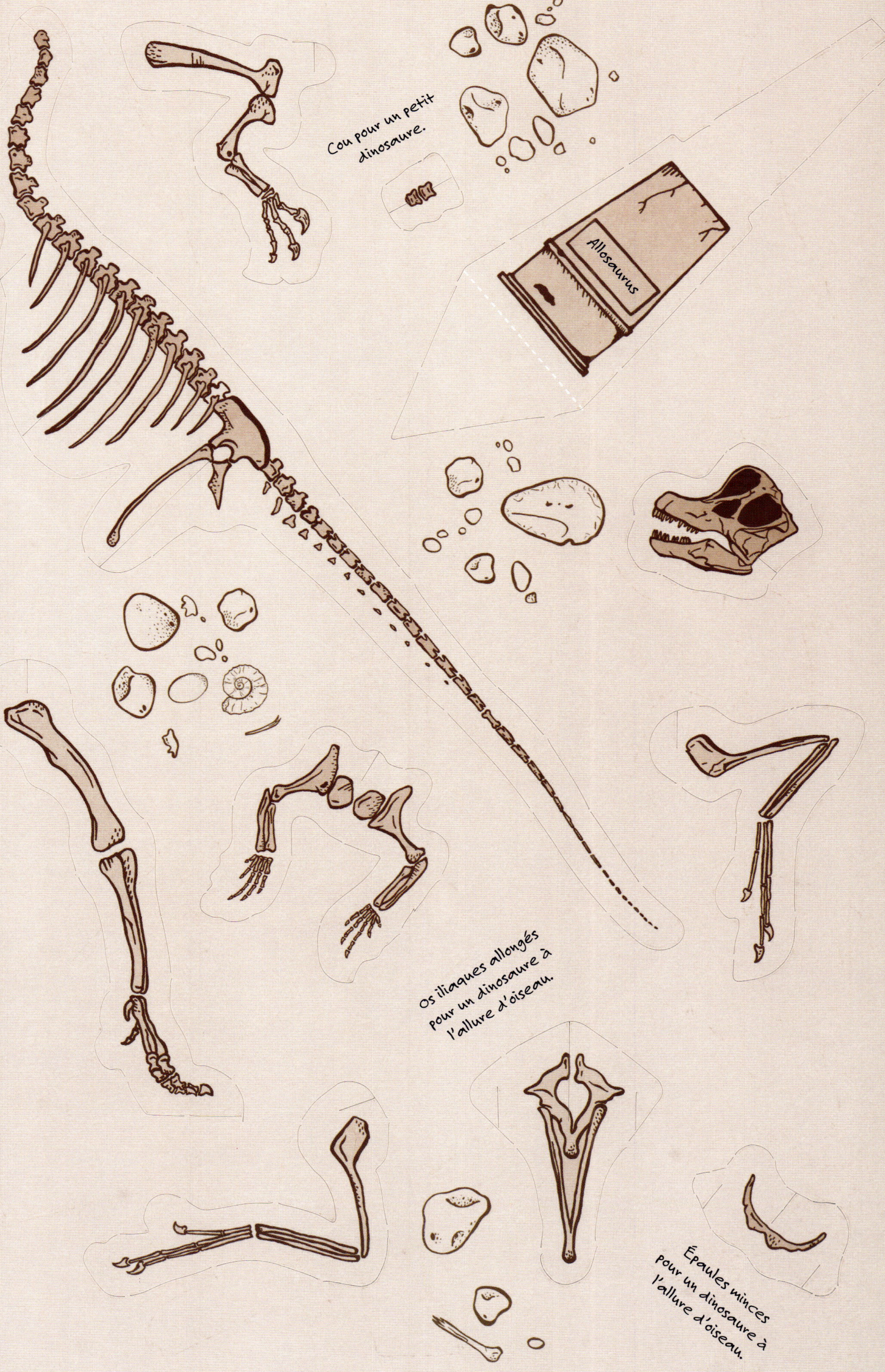
Cou pour un petit dinosaure.
Allosaurus
Os iliaques allongés pour un dinosaure à l'allure d'oiseau.
Épaules minces pour un dinosaure à l'allure d'oiseau.

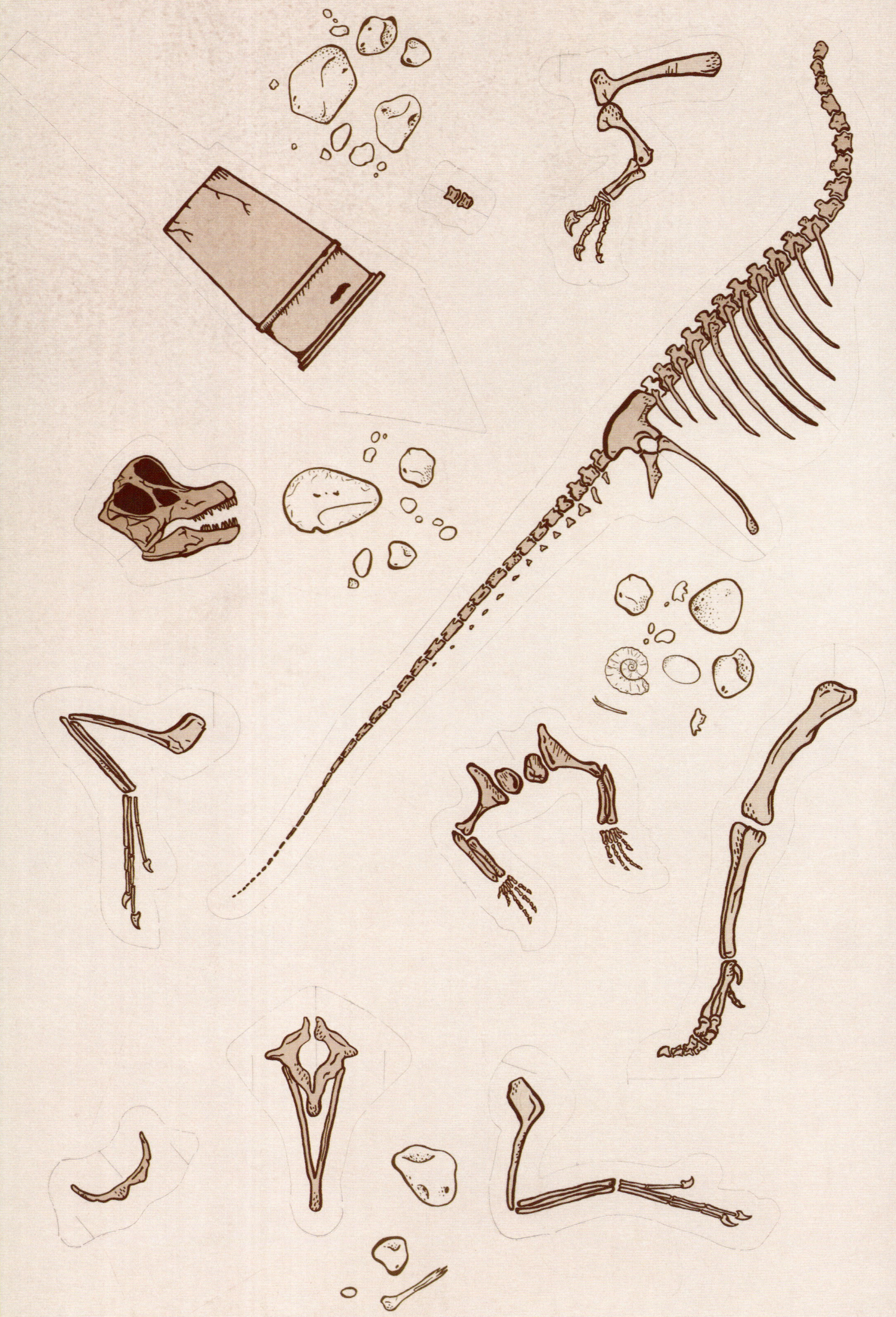

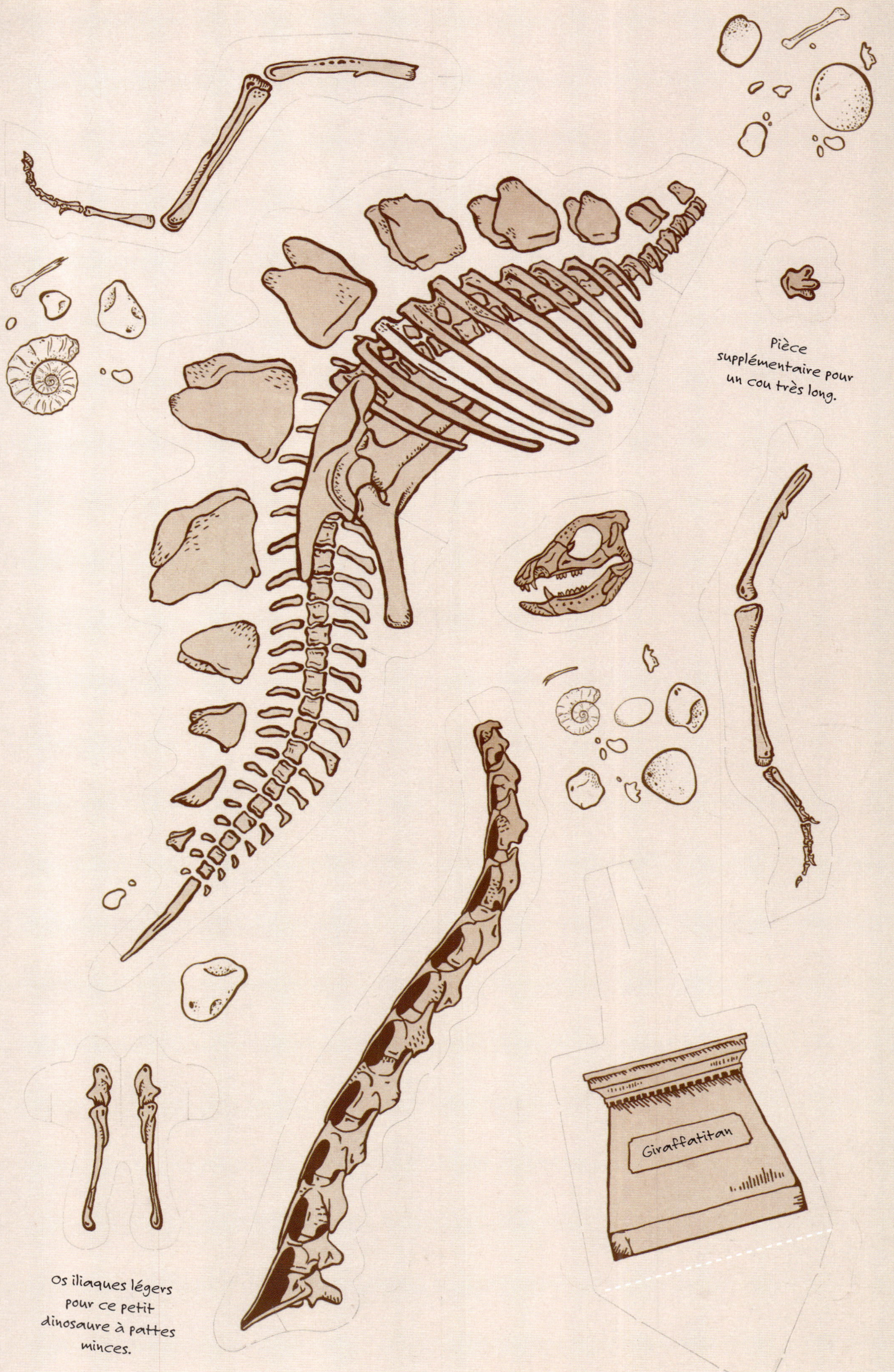
Pièce supplémentaire pour un cou très long.
Giraffatitan
Os iliaques légers pour ce petit dinosaure à pattes minces.

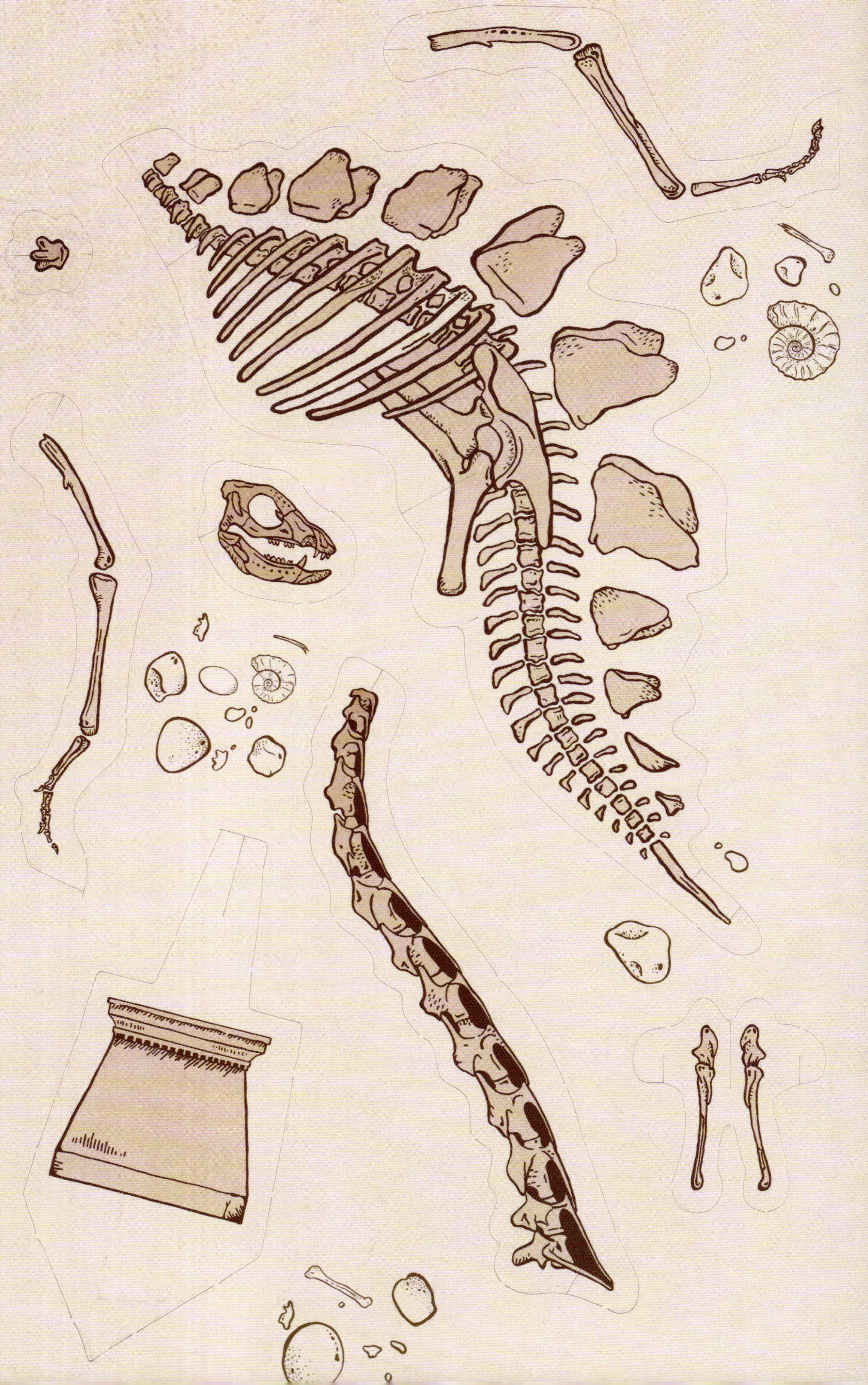

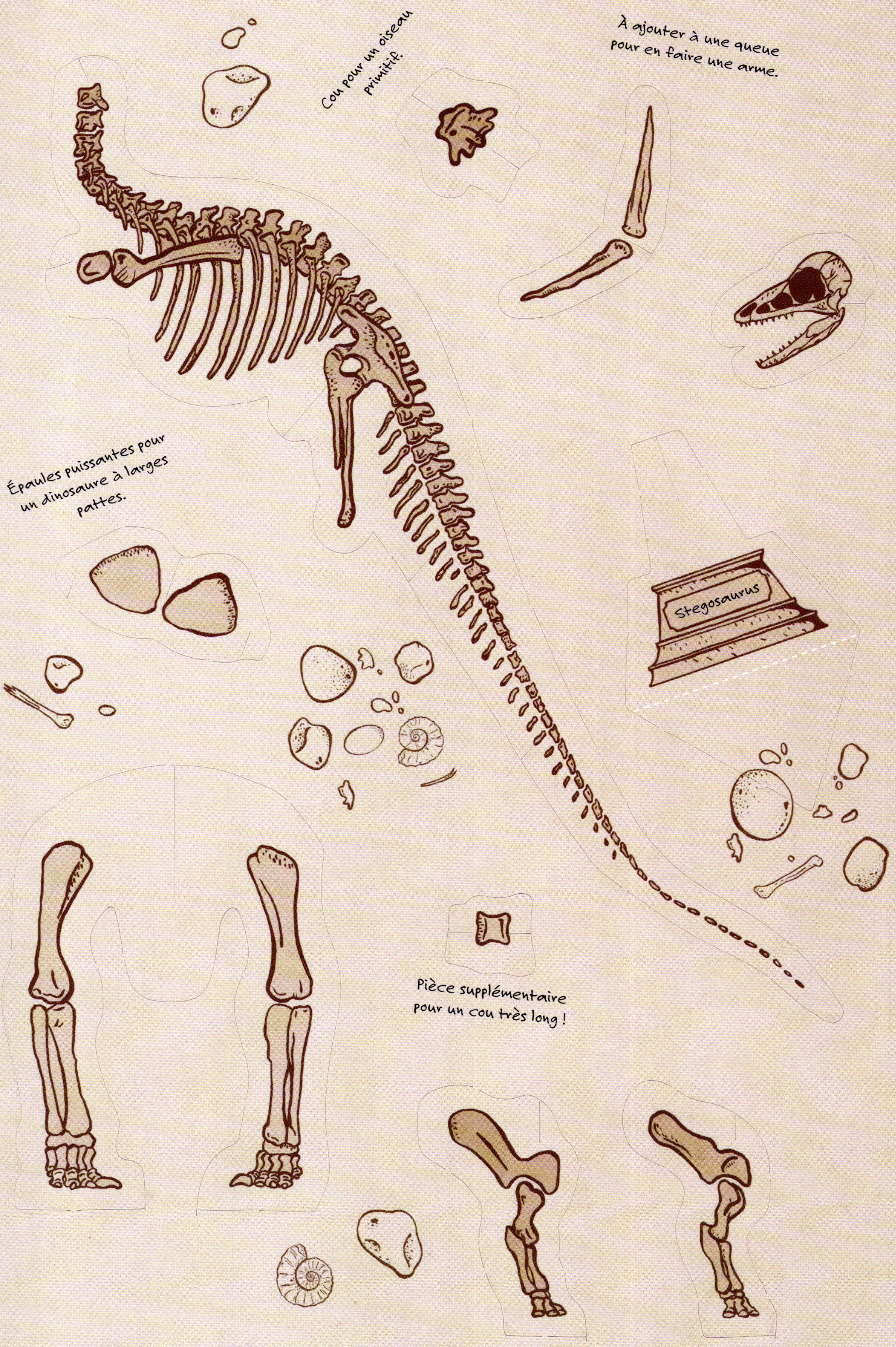
Cou pour un oiseau primitif.
À ajouter à une queue pour en faire une arme.
Épaules puissantes pour un dinosaure à larges pattes.
Stegosaurus
Pièce supplémentaire pour un cou très long !

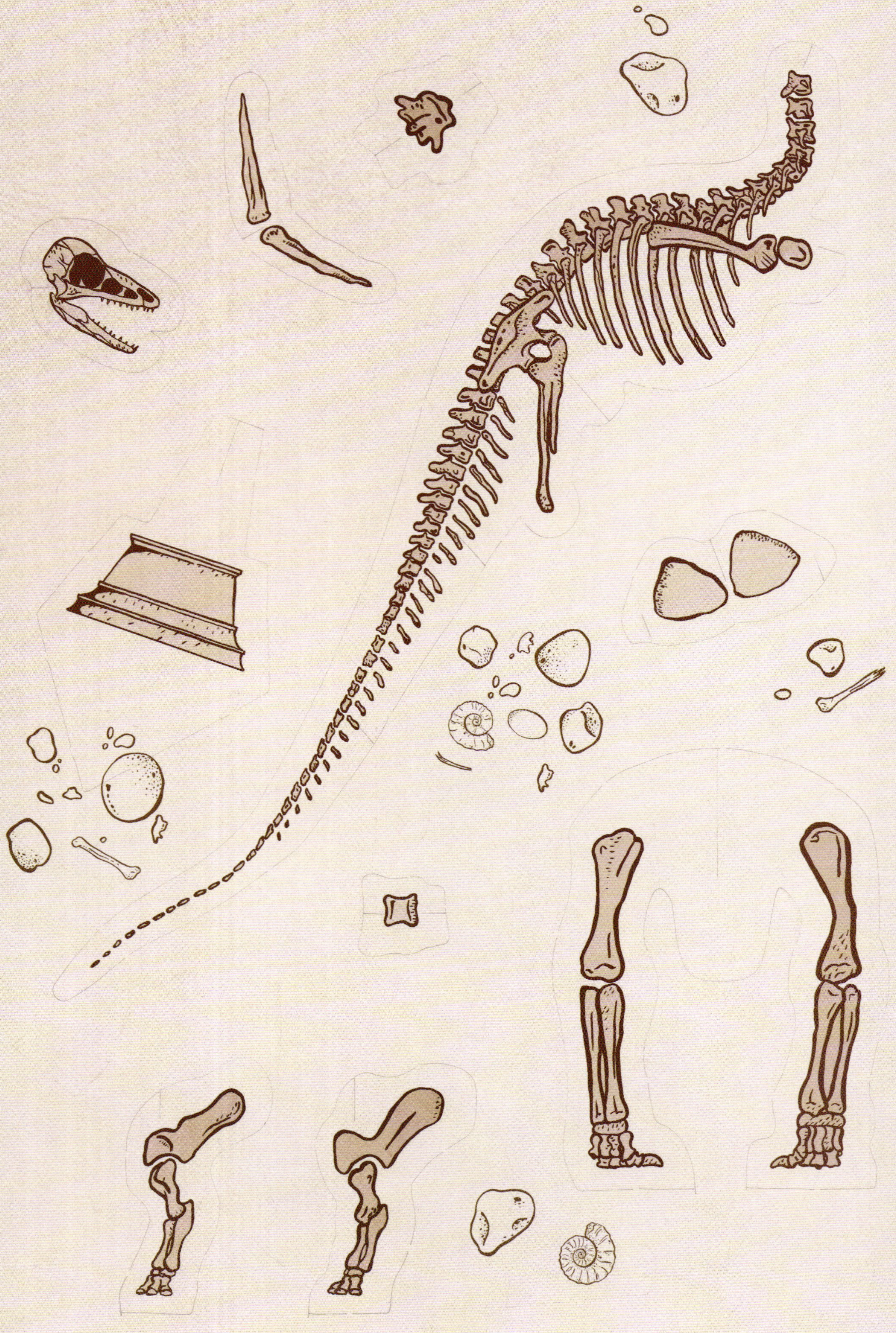

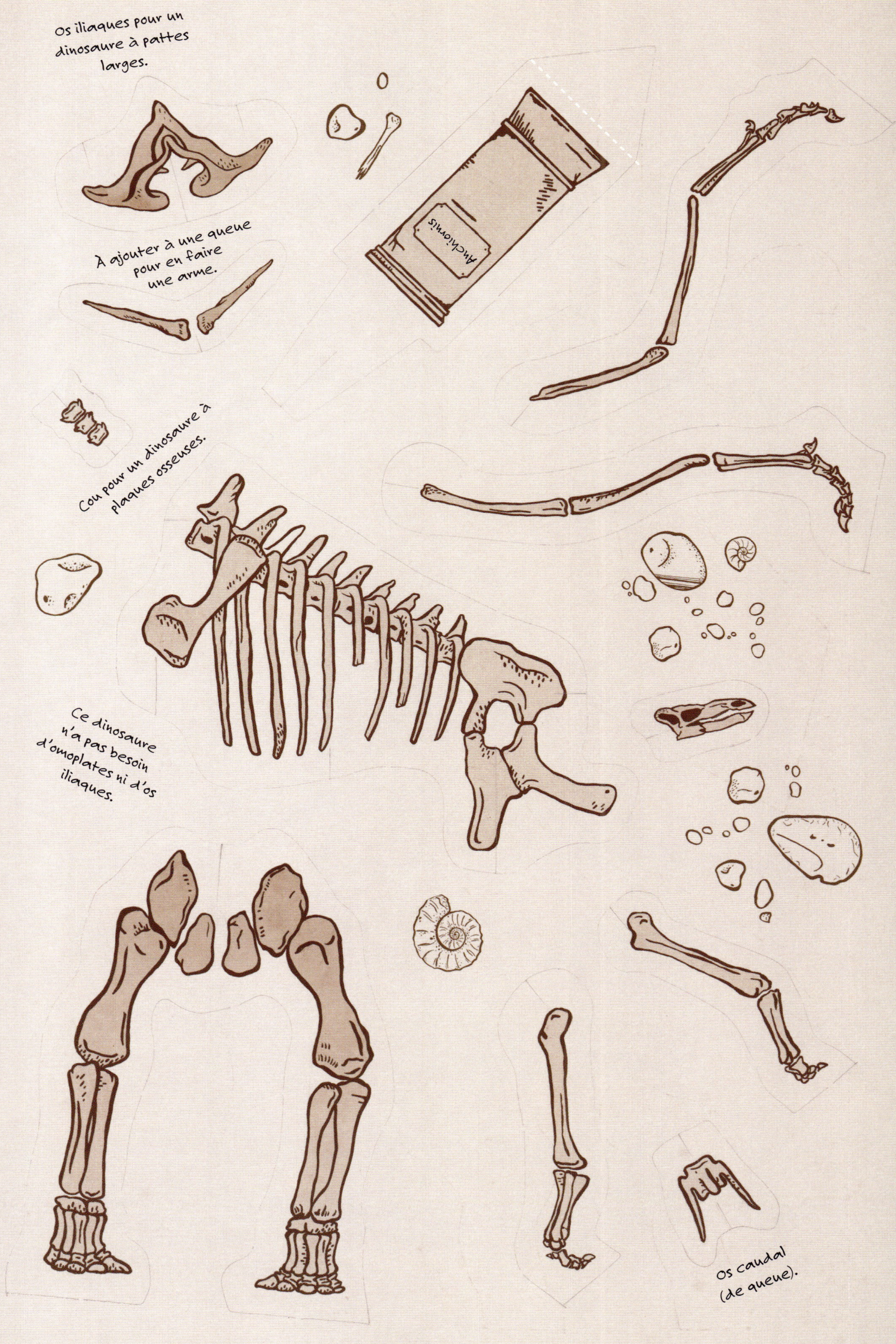
Os iliaques pour un dinosaure à pattes larges.
À ajouter à une queue pour en faire une arme.
Anchiornis
Cou pour un dinosaure à plaques osseuses.
Ce dinosaure n'a pas besoin d'omoplates ni d'os iliaques.
Os caudal (de queue).

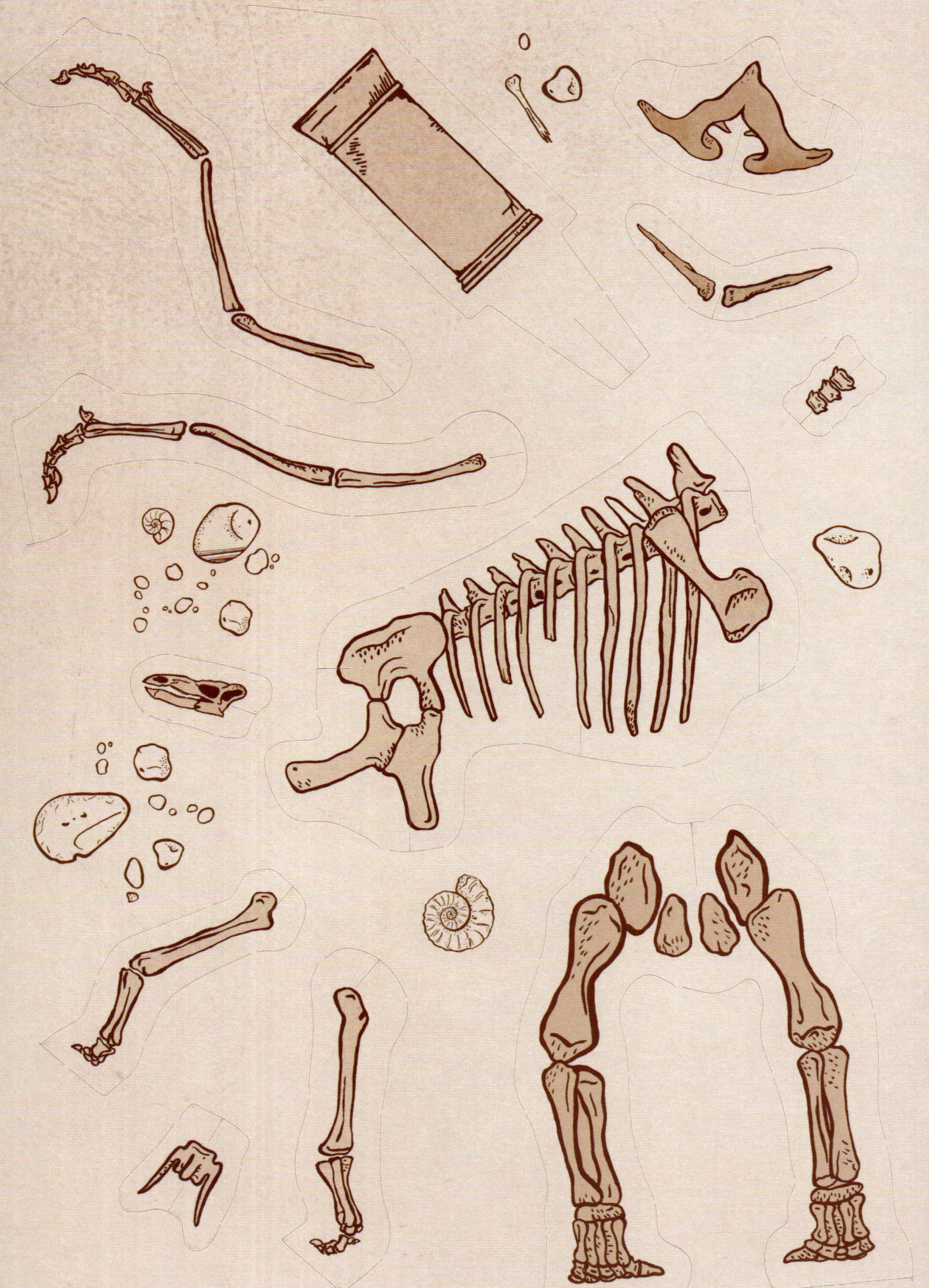

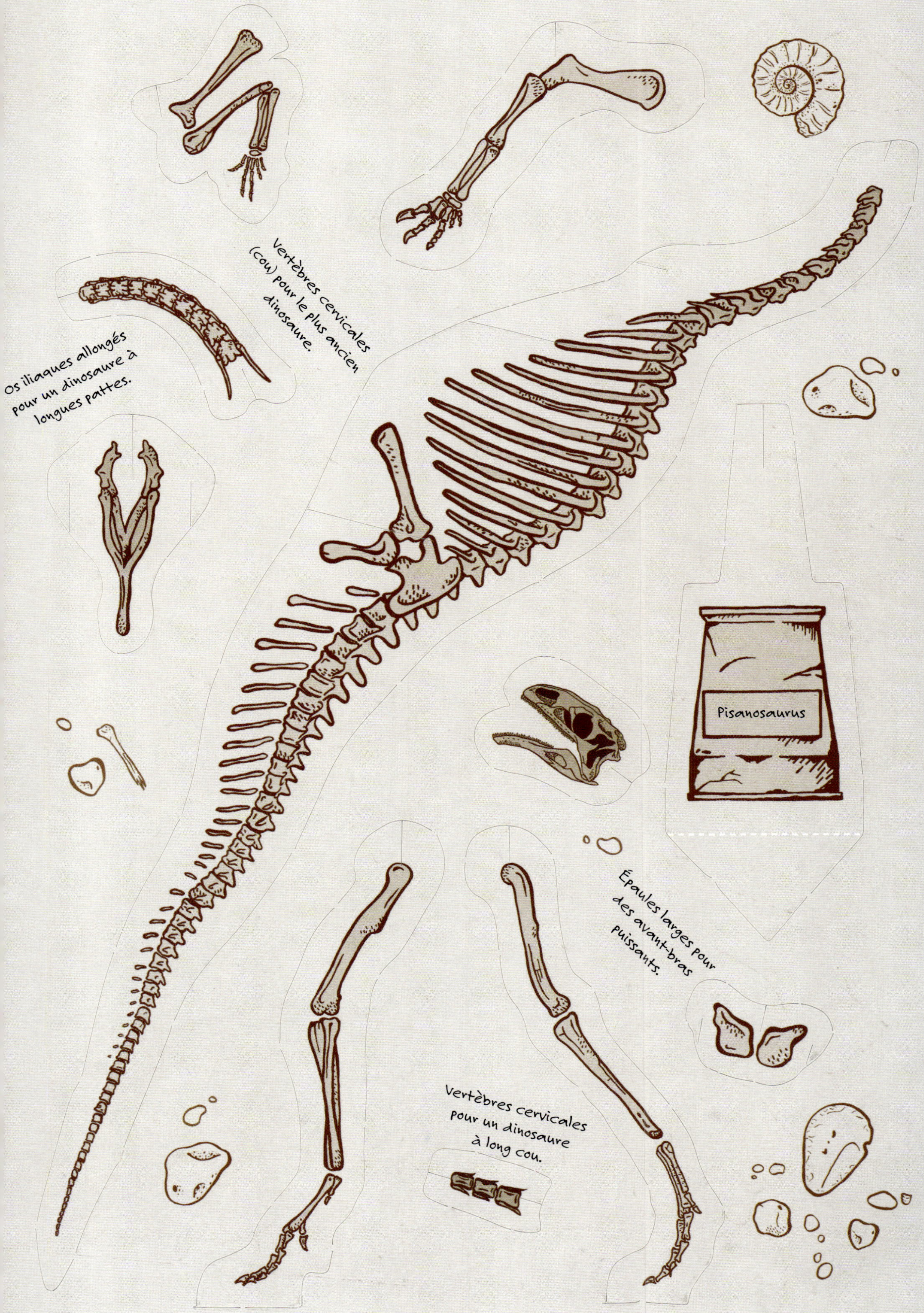
Vertèbres cervicales (cou) pour le plus ancien dinosaure.
Os iliaques allongés pour un dinosaure à longues pattes.
Pisanosaurus
Épaules larges pour des avant-bras puissants.
Vertèbres cervicales pour un dinosaure à long cou.

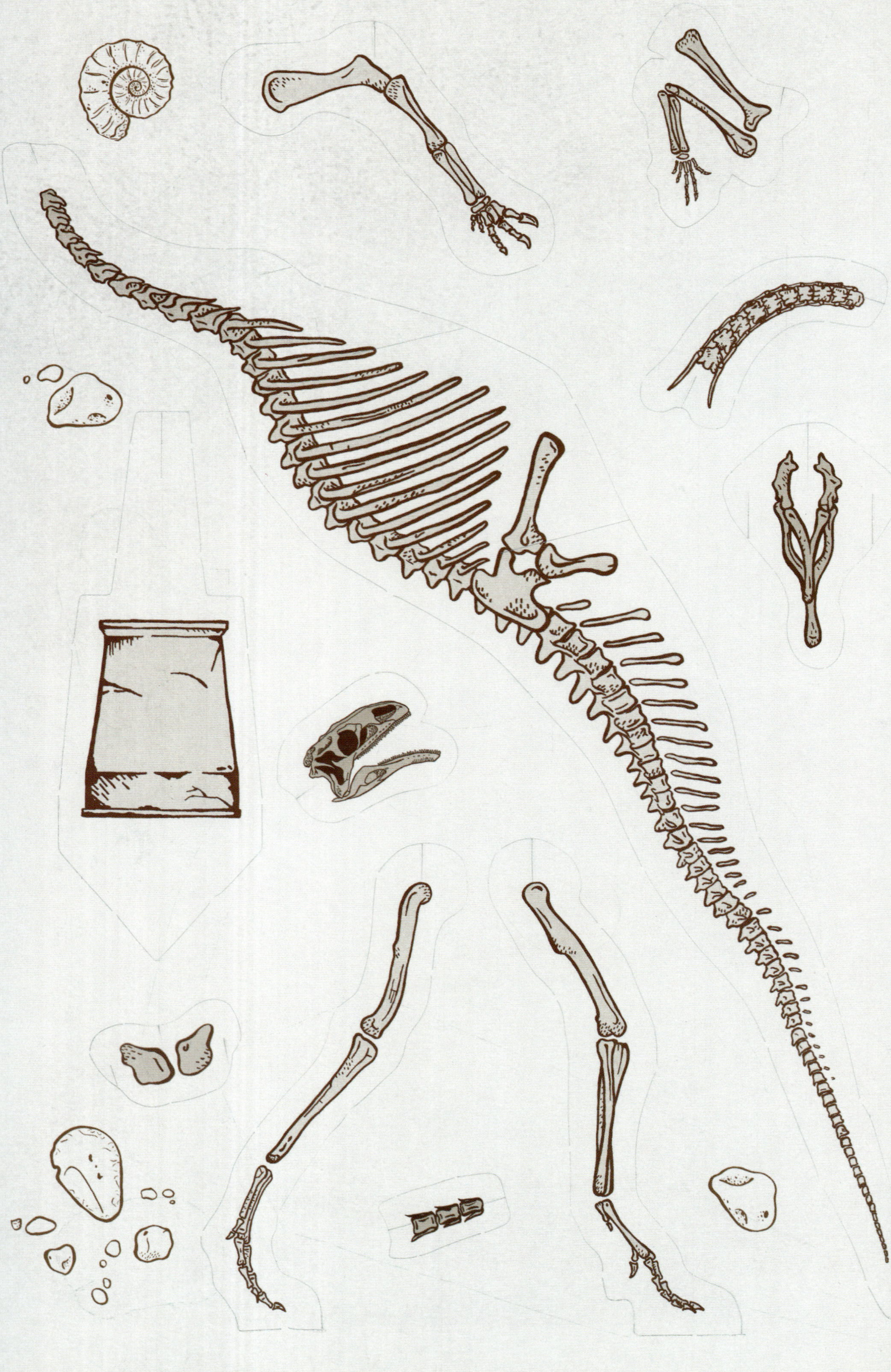

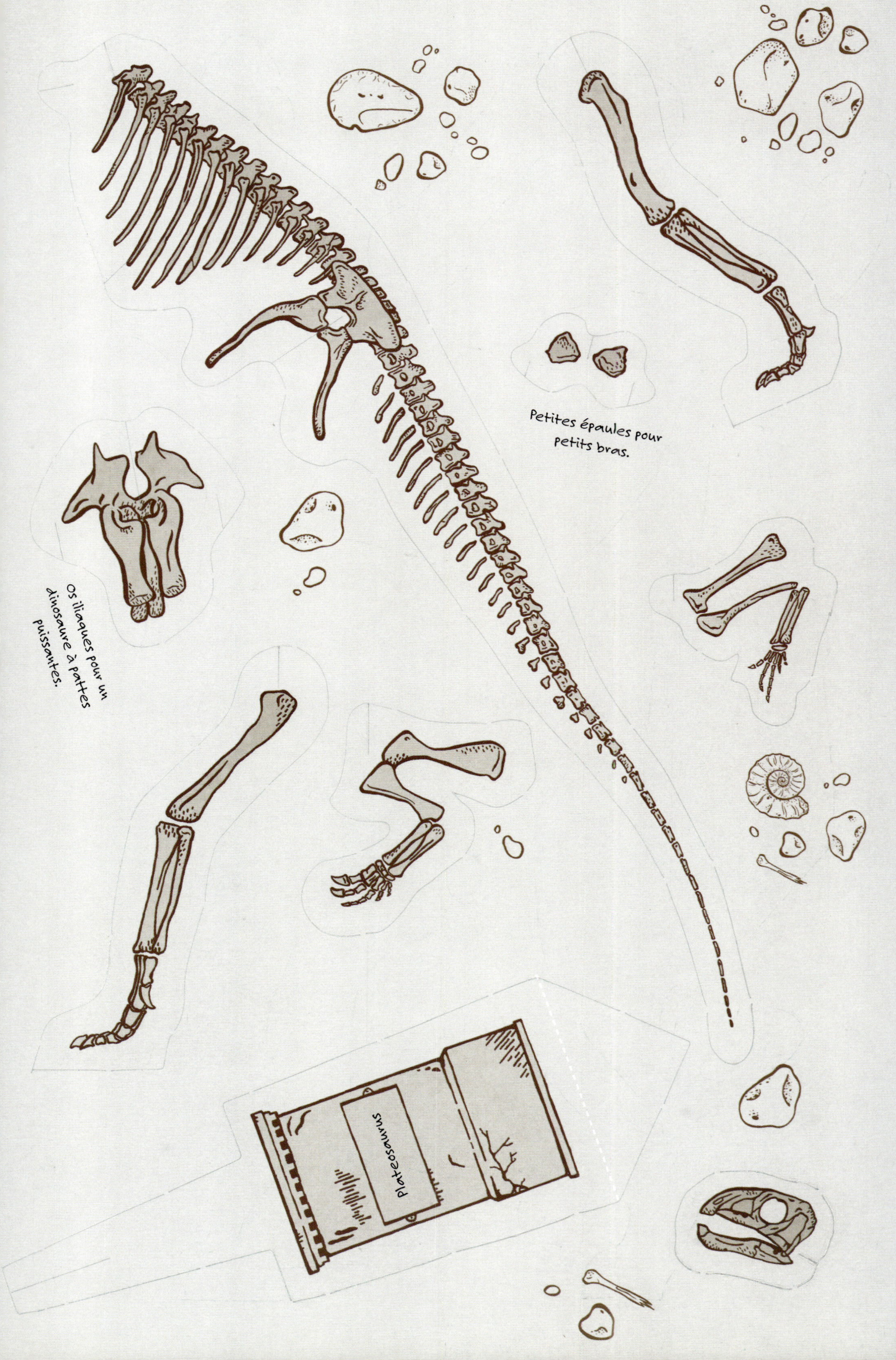
Petites épaules pour petits bras.
Os iliaques pour un dinosaure à pattes puissantes.
Plateosaurus

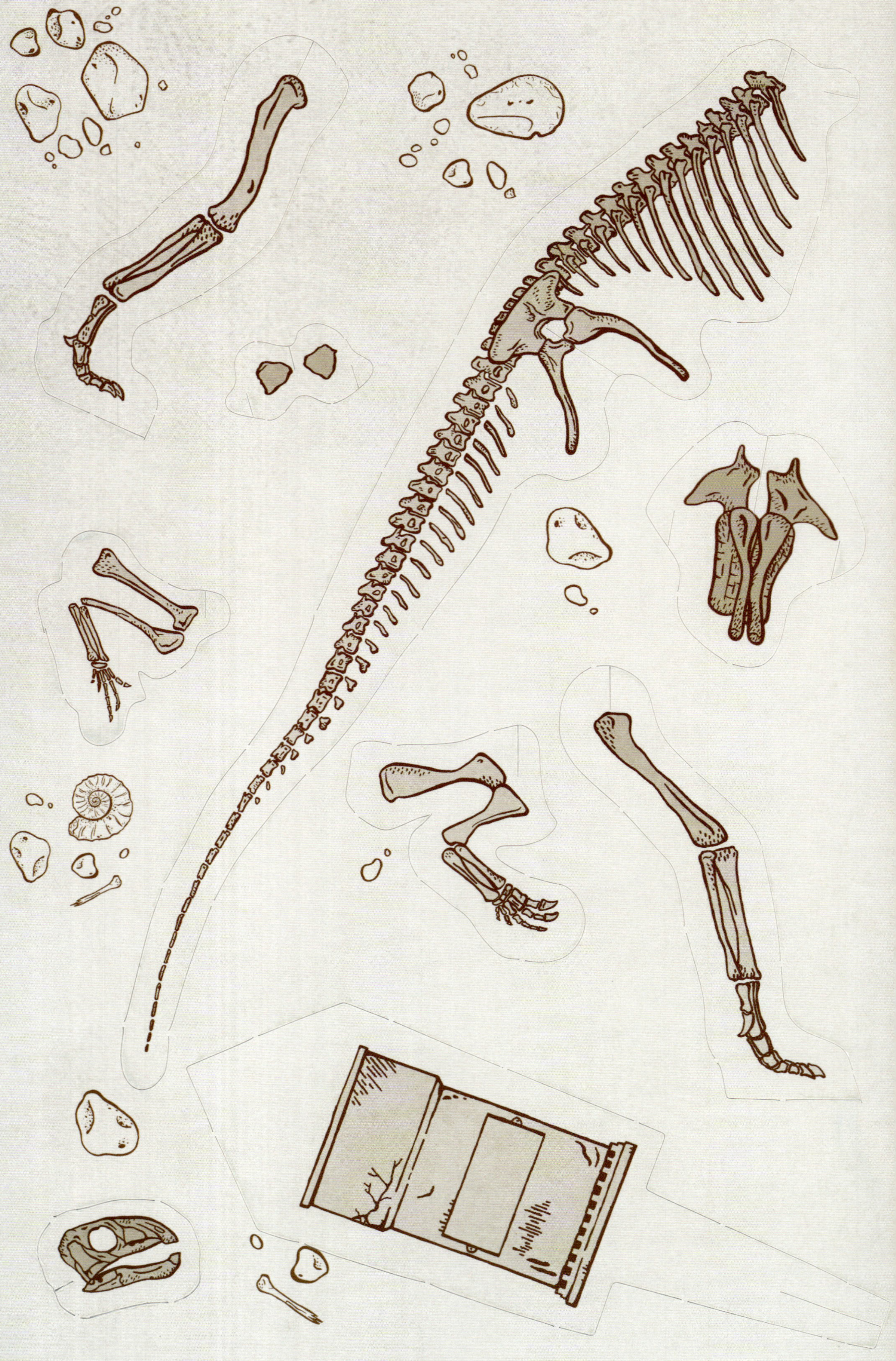

Réponses

CHANTIER N° 1 : CRÉTACÉ

Triceratops

Page 53

Page 55

Page 57

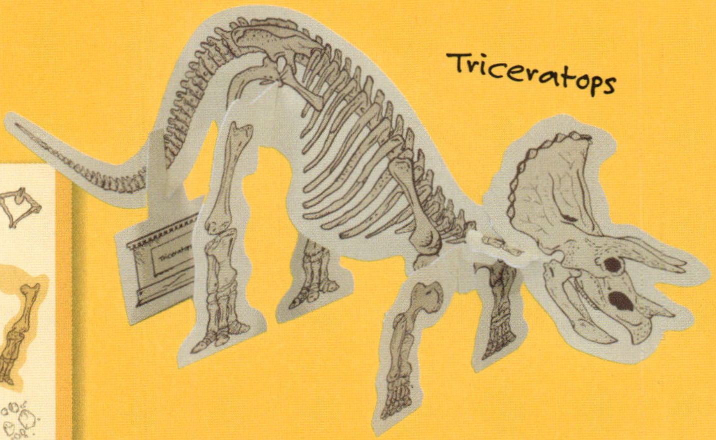

Les bon os de chaque dinosaures sont ceux en couleurs.

Ankylosaurus

Page 49

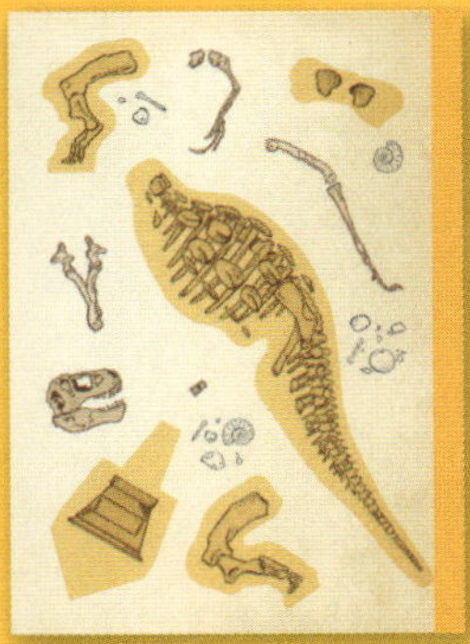

Page 51

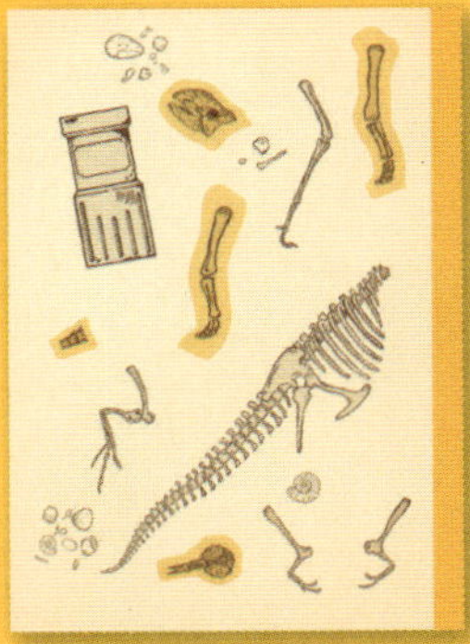

Page 57

Beipiaosaurus

Page 49

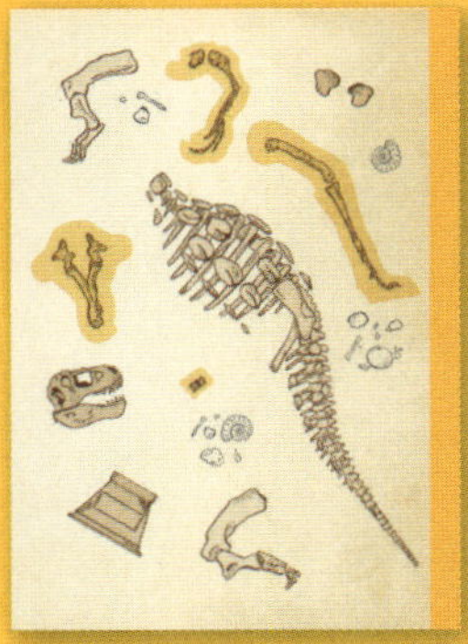

Page 51

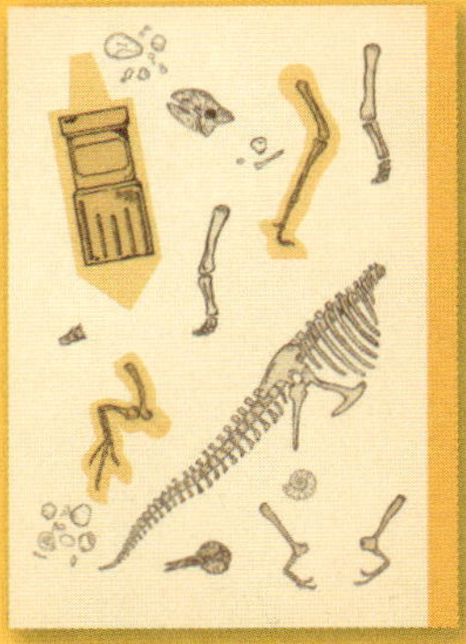

Page 53

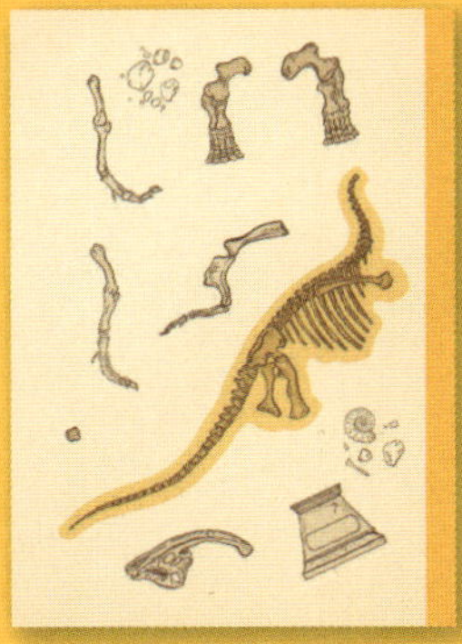

Page 55

Réponses

Parasaurolophus

Page 53

Page 55

Page 57

Tyrannosaurus

Page 49

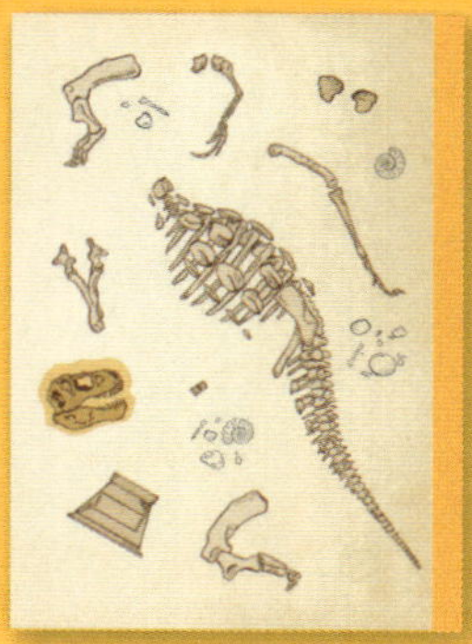

Page 51

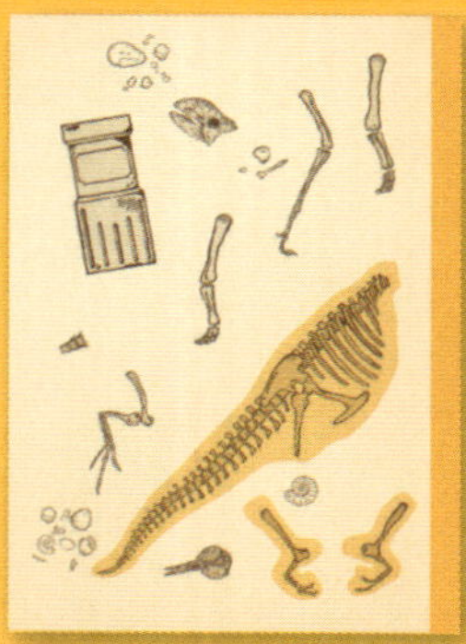

Page 53

Page 55

Page 57

CHANTIER N° 2 : JURASSIQUE

Allosaurus

Page 59

Page 61

Réponses

Anchiornis

Page 61

Page 65

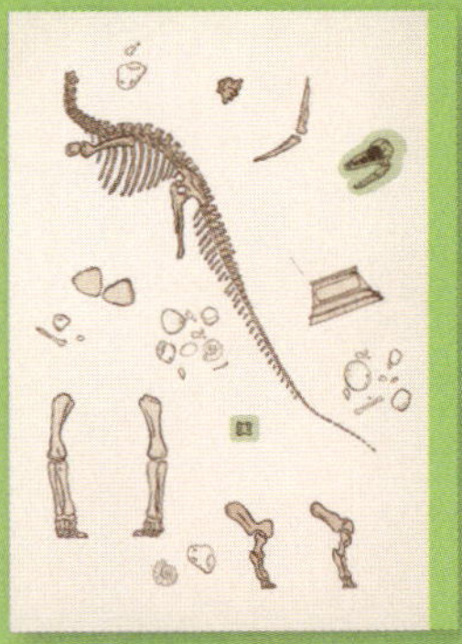

Page 67

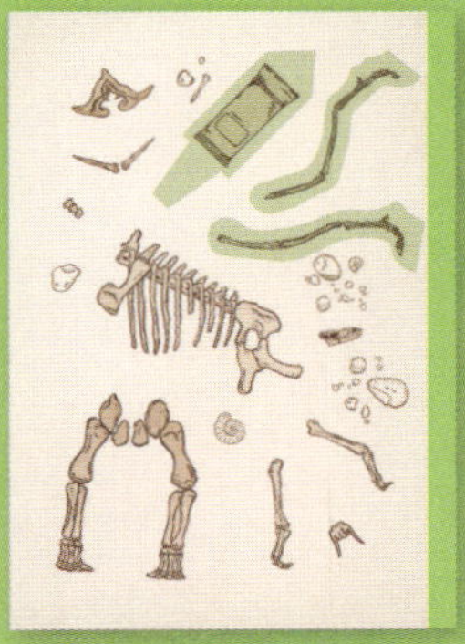

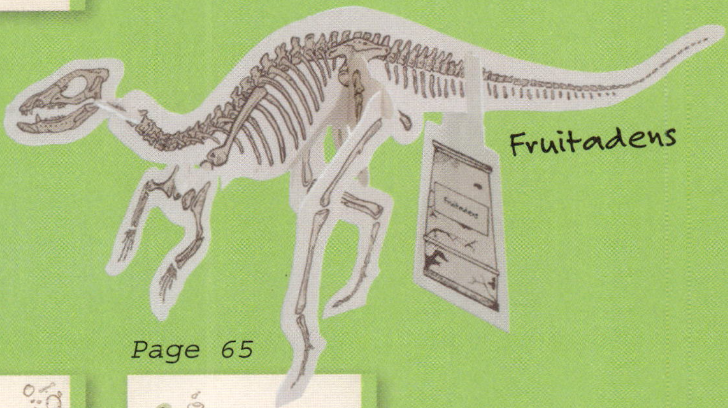

Fruitadens

Page 59

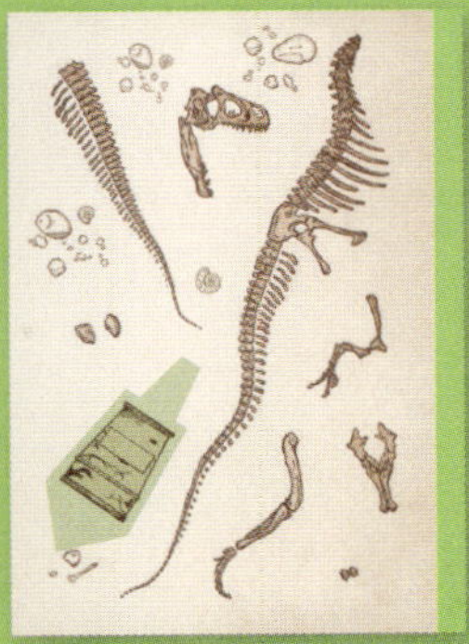

Page 61

Page 63

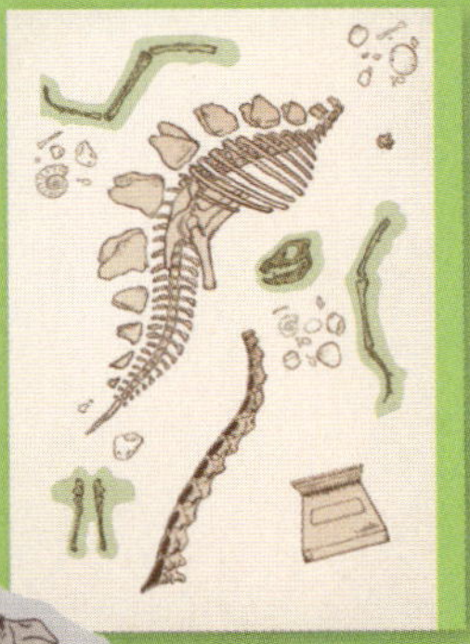

Page 65

Giraffatitan

Page 59

Page 61

Page 63

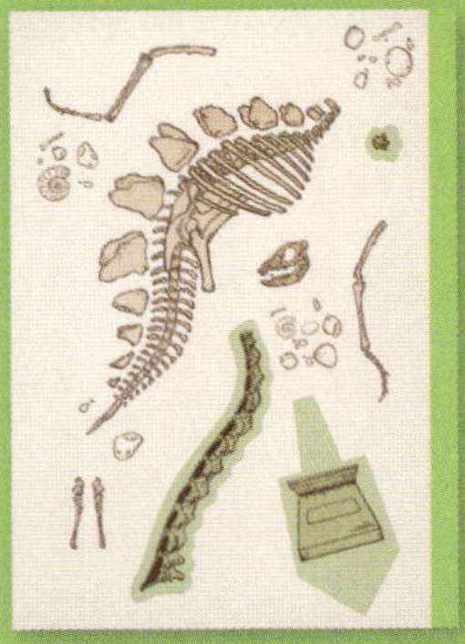

Page 65

Page 67

Réponses

Stegosaurus

Page 63

Page 65

Page 67

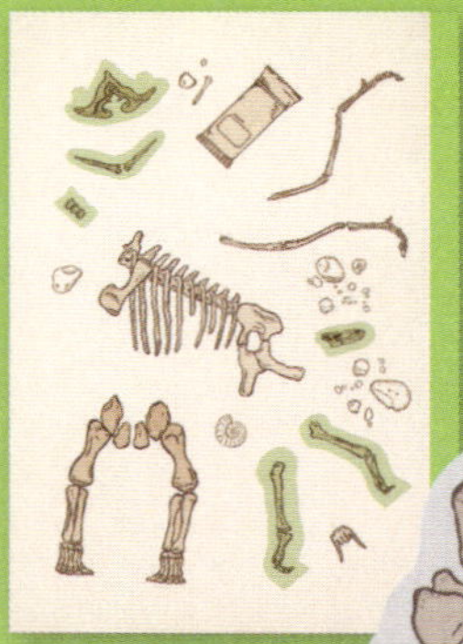

CHANTIER N° 3 : TRIAS

Pisanosaurus

Page 69

Page 71

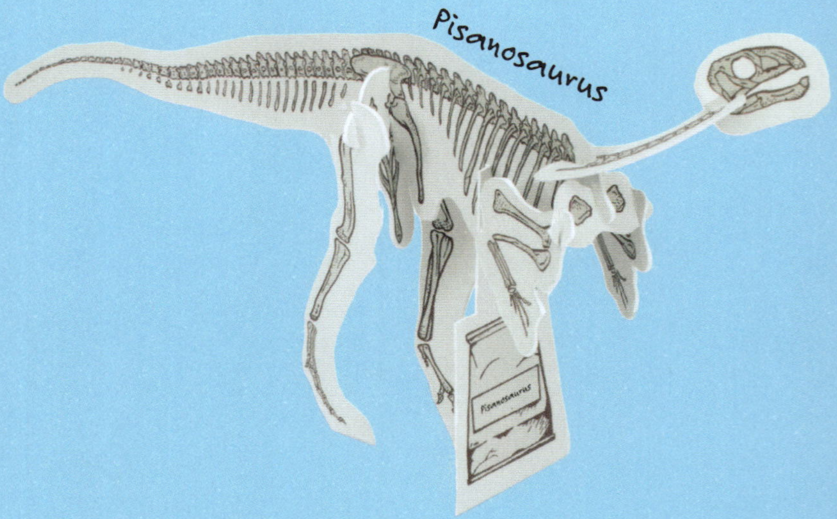

Plateosaurus

Page 69

Page 71

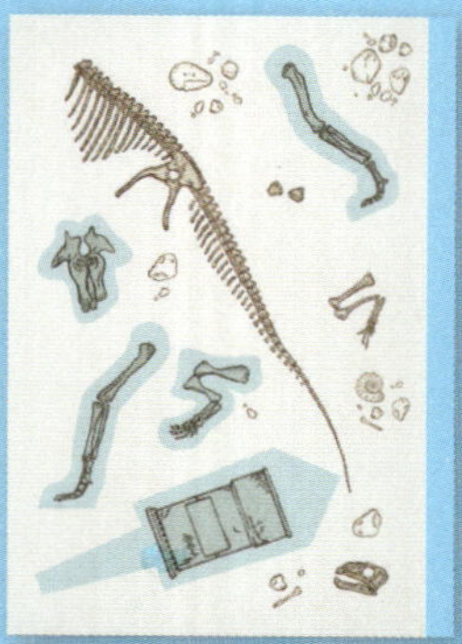

Glossaire

Amphibien : animal capable de vivre à la fois sur la terre ferme et dans l'eau pendant toute sa vie.

Ancêtre : créature plus ancienne à partir de laquelle un animal moderne s'est développé.

Ankylosaures : dinosaures herbivores dotés d'une cuirasse osseuse recouvrant à la fois le corps et le crâne.

Archosauriens : les oiseaux, les crocodiles et leurs ancêtres, qui incluent les dinosaures.

Cératopsiens : dinosaures herbivores dotés d'une collerette osseuse protectrice et d'un bec triangulaire.

Descendant : animal qui s'est développé à partir d'un **ancêtre** spécifique.

Extinction : disparition d'une espèce animale.

Fossiles : restes, ou traces, d'anciens animaux et/ou de plantes.

Gondwana : le supercontinent du sud qui existait à l'époque des dinosaures.

Hétérodontosaures : premiers dinosaures **ornithischiens**.

Ichtyosaures : reptiles aquatiques qui ressemblaient à des dauphins.

Laurasia : le supercontinent du nord qui existait à l'époque des dinosaures.

Mésozoïque : l'âge des dinosaures, il y a entre 252 et 66 millions d'années environ.

Nothosaures : reptiles aquatiques inhabituels qui vivaient pendant le Trias.

Ornithischiens : dinosaures « à bassin d'oiseau » ; un des groupes les plus importants chez les dinosaures.

Ornithopodes : un des groupes les plus répandus et les plus variés chez les **Ornithischiens**.

Paléontologues : personnes qui étudient l'histoire de la vie sur terre.

Pangée : le supercontinent de notre planète quand tous les continents actuels étaient joints les uns aux autres, il y a environ 270 à 200 millions d'années.

Plésiosaures : reptiles marins possédant souvent un long cou et des nageoires en forme de pagaies.

Ptérosaures : reptiles volants dont les ailes étaient faites d'une mince couche de peau et d'os longs.

Roche sédimentaire : type de roche à plusieurs couches, comme le grès, et dans lesquelles on trouve habituellement des fossiles.

Saurischiens : dinosaures « à hanches de lézard » et qui incluent les ancêtres de tous les oiseaux.

Sauropodes : énormes dinosaures herbivores dotés d'un long cou et d'une longue queue.

Thalattosauriens : reptiles inhabituels qui vivaient pendant le Trias ; ils possédaient une queue longue et puissante leur permettant de nager.

Thérapsides : membres d'une famille d'animaux qui inclut les mammifères et leurs **ancêtres**.

Théropodes : groupe principalement constitué de dinosaures carnivores ; désigne également tous les oiseaux modernes.

Tes notes de paléontologue

Tes notes de paléontologue

Remerciements

Jonathan Tennant souhaite adresser ses remerciements à Jan Freedman, Joseph Hancock, Megan Shersby et Sally-Ann Spence pour leurs remarques pertinentes alors que ce livre était en cours d'écriture. Ses remerciements vont aussi à toutes les personnes qui ont apporté leurs encouragements.

Vladimir Nikolov souhaite exprimer sa gratitude à Scott Hartman et Ville Sinkkonen. Leurs reconstitutions éclairantes de squelettes de dinosaures ont été utilisées comme base scientifique pour un grand nombre d'illustrations de ce livre.

Crédits photographiques

p.8 : Haut : Shutterstock/ChinalletoPhoto. Bas : Shutterstock/Clive Watkins. En bas, à gauche : Shutterstock/alice-photo.
p.9 : Haut : Shutterstock/dexns. Milieu : Shutterstock/Darren Foard. Bas : Shutterstock/Marcel Clemens.
p.10 : Haut : Wikimedia Commons. Milieu : Shutterstock/ChameleonsEye. Bas : Science Photo Library/Pascal Goetgheluck.
p.11 : Haut : Shutterstock/Vadim Petrakov. En bas, à gauche : Shutterstock/David Herraez Calzada. En bas, à droite : Shutterstock/Lefteris Papaulakis.
p.12 : En haut, à gauche : Shutterstock/chromographs. En haut, à droite : Shutterstock/Hans Engbers. Bas : Science Photo Library/Joseph Nettis.
p.13 : Haut : Shutterstock/Jorg Hackemann. Milieu : Wikimedia Commons.